# शिवसूत्र

आधुनिक परिपेक्ष में एक काव्यात्मक प्रस्तुति

अशोक कुमार सिंह

BookLeaf Publishing
India | USA | UK

Made with ❤ on the BookLeaf Publishing Platform
www.bookleafpub.in
www.bookleafpub.com

# Dedication

मेरा यह प्रयास,
उन सबों को समर्पित है जिन्होंने
किसी न किसी रूप में ,
प्रत्यक्ष या परोक्ष,
जीवन को समझने में ,
जाने अनजाने,
मेरा,
सहयोग किया है।।

# Preface

शिव सूत्र की ही व्याख्या क्यों ?
ग्रन्थ, भाष्य इसपर पहले से ही बहुत सारे हैं,
फिर एक और क्यों?
प्रश्न ये मेरे मन में भी थे।

प्रथम तो,
मैं, जैसे जैसे आध्यात्म की डोर पकड़,
जीवन में,
अग्रसर हुआ तो देखा, कि
जीवन की समस्याएं,
जीवन की तरह,
शाश्वत हैं।।

प्रश्नों का रूप बदला है,
उसकी तीक्ष्णता बढ़ी है,
पूछने का ढंग बदला है,
पूछने वालों का रंग बदला है,
लेकिन,
प्रश्न आज भी वहीं हैं,
यथावत हैं।।

कहते हैं,
रोग का निदान रोग के कारण में है,
फिर आज की समस्याएं,

जो बहुतायत में मानसिक है,
निदान उनका
रासायनिक क्यों, कैसे?

इसी सोच ने मुझे
शिवसूत्र की आधुनिक प्रासंगिकता समझाई।
इसे साधारण आधुनिक मनुष्य,
जो अध्यात्म का नाम सुन,
दकियानूसी मान्यता समझ,
कोसों दूर भागता है,
वह भी,
थोड़ा ठहरे,
इसे पढ़े और
समझने का प्रयास करे,
इसलिए मैने
सूत्रों की व्याख्या सरल काव्यात्मक लहजे में बिठाने की कोशिश
आजमाई।।

हां,
एक और बात।
शिव सूत्र की गिनती और सूत्रों का स्वरूप अलग अलग ग्रंथों में,
अलग अलग हैं,
फिर भी,
भाव एक हैं, संदेश एक ही हैं।

मैने सूत्रों को,
आदरणीय श्री जयदेव सिंह जी द्वारा रचित,

मोतीलाल बनारसी दास द्वारा प्रकाशित
पुस्तक,
"Shiv sutras - the yoga of supreme identity."
से ली है।
सूत्रों का सिर्फ रूप और क्रम,
इस पुस्तक से है,
भावार्थ और व्याख्या मेरे हैं।।

*शिवसूत्र की आधुनिक जीवन में सार्थकता।*

---

शिवसूत्र प्राचीन जरूर है, फिर भी
इनकी सार्थकता,
आधुनिक जीवन में भरपूर है।।

आज का मनुष्य
सूचना से भरा है,
पर स्पष्टता से खाली।।

उसके पास साधन हैं,
पर दिशा नहीं।
उसके पास गति है,
पर विश्राम नहीं।।

वह जानता बहुत है,
पर अपने "होने "को नहीं जानता।।

यही वह बिन्दु है
जहाँ शिवसूत्र
इतिहास से नहीं,
वर्तमान में बोलता है।।

शिवसूत्र कोई धर्म नहीं,
एक निदान है
अस्तित्वगत स्थितियों का,
भ्रमित परिस्थितियों का।

आधुनिक जीवन की समस्या भी,
आर्थिक नहीं,
तकनीकी नहीं,
सामाजिक भी नहीं,
अस्तित्वगत है।।

मनुष्य स्वयं को
अपने अस्तित्व को,
अपने विचारों से जोड़ रखा है।
चेतना की निरंतर प्रवाह को
अपने काम ,
अपनी भूमिका ,
अपने प्रदर्शन,
के मोह में मोड़ रखा है।।

शिवसूत्र का सूत्र,
“आत्मा चित्तम्”

आज के मनुष्य की सटीक तस्वीर है।।

आज हम यही मानते हैं।
मैं वही हूँ जो
मैं सोचता हूँ।
मैं वही हूँ जो
मैं करता हूँ।
मैं वैसा हीं हूँ जैसा दूसरे
मुझे देखते हैं।।

शिवसूत्र इस पहचान को
पाप नहीं,
स्थिति कहता है।
और यही उसकी आधुनिकता है।।

हम ज्ञान के युग में जी रहे हैं।
डेटा, कोर्स, पुस्तकें, पॉडकास्ट, इत्यादि,
सब कुछ उपलब्ध है।
फिर भी हम आज,
अधिक असुरक्षित, अधिक चिन्तित,
और अधिक भ्रमित हैं।।

शिवसूत्र बहुत शान्त स्वर में कहता है,
ज्ञानं बन्धः।।

समस्या अज्ञान नहीं है।
समस्या वह ज्ञान है, जो

पहचान बन गया है।।

आज का मनुष्य
"मैं जानता हूँ"
के बोझ से दबा हुआ है।।

शिवसूत्र
ज्ञान को नष्ट नहीं करता–
वह ज्ञान की अकड़ को ढीला करता है।
आणवोपाय,आधुनिक जीवन का वास्तविक प्रवेश-द्वार है।।

आज का मनुष्य
न मठ में रहता है,
न वन में।
वह ट्रैफिक में रहता है।
स्क्रीन के सामने रहता है।
जिम्मेदारियों के बीच रहता है।
इसलिए शिवसूत्र
उसे सीधे मौन में नहीं धकेलता।।

आणवोपाय कहता है–
जहाँ तुम हो,
वहीं से शुरू करो।
शरीर को दुश्मन मत मानो।
श्वास को सुधारने की मशीन मत बनाओ।
कर्म से भागो मत।
जीवन को ही साधना बनने दो।।

जब शरीर की वृत्ति
व्रत बन जाती है,
जब संवाद जप बन जाता है,
जब काम करते हुए भी
भीतर कुछ स्थिर रहता है, तब
आधुनिक जीवन
रुकावट नहीं, मार्ग बन जाता है।।

शक्तोपाय
भावनात्मक युग के लिए पूर्णतः उपयोगी है।

आज का युग
भावनाओं का युग है।
चिन्ता, अवसाद, असुरक्षा, तुलना।
शक्तोपाय
भावनाओं को दबाने को नहीं कहता।
वह कहता है,
देखो,
देखो इनमें चेतना कैसे बह रही है।
जब विचार देखा जाता है,
तो वह बाधा नहीं रहता।
जब भावना महसूस की जाती है,
तो वह शत्रु नहीं रहती।।

शिवसूत्र
आधुनिक मनोविज्ञान से बहुत पहले

यह जानता था,
जो दबाया जाता है, वह विकृत होता है।
जो देखा जाता है, वह ढीला पड़ता है।।

शक्तोपाय
आधुनिक मनुष्य को
अपने ही आन्तरिक प्रवाह से
डर छोड़ना सिखाता है।।

सम्भोपाय,
पहचान-आधारित थकान का अन्त है।
आज की सबसे गहरी बीमारी
थकान है,
शरीर की नहीं,
होने की थकान।।

हर समय
कुछ बनने का दबाव,
कुछ साबित करने का बोझ।
सम्भोपाय
यह सब हटाता नहीं,
केवल एक प्रश्न उठाता है,
यह सब किसमें घट रहा है?

जब यह प्रश्न
उत्तर नहीं खोजता,
दृष्टि बन जाता है, तो

पहचान का बोझ स्वतः
गिर जाता है।।

आधुनिक जीवन में
सम्भोपाय का औचित्य है कि,
यह मनुष्य को
अपने ही अनुभव का
स्वामी नहीं,
आधार दिखा देता है।।

आधुनिक जीवन की सबसे बड़ी सम्भावना
शिवसूत्र का लक्ष्य
मनुष्य को
अलग, विशेष, आध्यात्मिक
नहीं बनाना।
उसका लक्ष्य है,
मनुष्य को हल्का बनाना।।

जब साधना बोझ नहीं रहती,
चेतना को सँभालना नहीं पड़ता,
जब जीवन अपने आप जीया जाने लगता है, तब
आधुनिक जीवन
अधर्म नहीं लगता,
और प्राचीन ग्रन्थ
पुराना नहीं लगता।।

आज शिवसूत्र अपरिहार्य है क्योंकि,

मनुष्य
बाहर नहीं,
अपने ही भीतर खो गया है।।

शिवसूत्र
उसे बाहर कुछ जोड़ने नहीं देता।
वह केवल
गलत जोड़ हटाता है।
तुम चित्त नहीं हो।
तुम भूमिका नहीं हो।
तुम थकान नहीं हो।
और जब यह स्पष्ट हो जाता है,
तो जीवन वही रहता है,
काम वही रहता है,
पर भीतर कोई लड़ाई नहीं रहती।।

शिवसूत्र
आधुनिक इसलिए नहीं है
कि वह आज लिखा गया है,
बल्कि इसलिए है कि वह
मनुष्य को आज भी
उसी स्थान पर पकड़ता है
जहाँ वह सचमुच खड़ा है।
यही उसका औचित्य है।
यही उसकी प्रासंगिकता है।
और शायद
यही उसका सबसे बड़ा करुण सत्य भी।।

*शिवसूत्र - एक परिचय*

---

शिव सूत्र,
कश्मीरी शैवतंत्र का
प्रमुख ग्रन्थ है।।

कश्मीरी शैव पंथ के अनुसार,
यह सृष्टि,
शिव की लीला है।।
परम शिव,
प्रमुख तत्व है, बीज समान।
शक्तिशाली, स्वतंत्र, निराकार, चेतना मात्र।।

शिवसूत्र में "शिव" कोई मूर्ति नहीं,
कोई देवता नहीं,
कोई पौराणिक पात्र नहीं।।

शिव यहाँ चेतना का नाम है।
वह चेतना
जो देखती है,
पर दिखाई नहीं देती।
जो सबमें व्याप्त है,
पर किसी में सीमित नहीं।
वह चेतना,
वह जागरूकता,

शक्ति जिसकी धड़कन है।
वह ऊर्जा हैं, जो
हर पत्ते की सरसराहट,
हर विचार की चमक,
और हर सांस की लय में बहती है।।

और "सूत्र"
कोई प्रवचन नहीं हैं।
संकेत हैं।
बीज-वाक्य हैं।
जो अर्थ नहीं देते,
दृष्टि बदल देते हैं।।

सृष्टि कोई बाहरी नहीं,
शिव का निजी खेल है,
शिव के पटल पर रचित,
शिव से हीं सज्जित।।

जैसे
कोई बच्चा,खेल खेल में,
मिट्टी का ही है बनाता आदमी,
मिट्टी से ही है बनाता भोजन,
मिट्टी का ही वस्त्र और
मिट्टी का ही घर बनाता है।
फिर
उस आदमी को
वही वस्त्र पहना,

भोजन करा,
उस मिट्टी के ही घर में सुला,
असीम आनंद पाता है।।
वैसे हीं शिव,
अपनी स्वतंत्रता से,
अपने आनंद से,
अपने ज्ञान और इच्छा से
जगत को रचते हैं।।

जब चेतना स्थिर होती है,
वह परमशिव है।
उसमें जब हल्की सी तरंग उठती है,
जैसे शांत झील पर अचानक
एक लहर उठ जाए।
वह है शक्ति का स्पंदन,
सृष्टि की आहट,
शिव का आनंद रूप।।

यही तरंग,
पाँच रूपों,
चेतना, आनंद, इच्छा, ज्ञान और क्रिया में फलित होती है।।
इनसे ही तत्त्वों की सीढ़ी बनती है,
छत्तीस पायदानों वाली।।

ऊपरी पायदान पर
शिव और शक्ति की निर्मल ज्योति है,
नीचली पायदानों पर,

माया, सीमाएँ, और पंचतत्वों की ठोस दुनिया।

त्रिक कहता है,
शिव, शक्ति और नर ,
अलग-अलग नहीं हैं।।
सब
एक ही सार्वभौमिक चेतना के रूप हैं।
जैसे समुद्र की लहरें
समुद्र से अलग नहीं होतीं,
वैसे ही हम
शिव से अलग नहीं।।

प्रत्यभिज्ञा
राह है उसे पहचानने की, याद करने की,
कि मैं वही हूँ,
मैं चेतना हूँ,
मैं शिव हूँ।।

शिवसूत्र कठिन दर्शन नहीं,
सरल स्मरण है।
बस अपने भीतर झाँकना है।।

जब हम हँसते हैं ,
प्रेम करते हैं,
सृजन करते हैं ,
वह सब
शिव की ही लीला है।

नर,
माया वश जब
अपनी ही शक्ति के जाल में
उलझ जाता है,
अपनी असली पहचान,
भूल जाता है तो,
सोचता है,
"मैं सीमित हूँ, मैं छोटा हूँ,
मैं दुख और सुख का पात्र हूँ।"

माया की परतें
उसे ऐसे ढकती हैं, जैसे
धुंध सूरज को।
ज्ञान सीमित नजर आती है,
इच्छाएँ बंधन बन जाती हैं,
क्रिया,
थकान और पीड़ा में बदल जाती है।
यही है नर का बंधन।।

स्वयं को पृथक मानना,
स्वयं को सीमित समझना।।

शिव सूत्र
उस बंधन को
जानने, पहचानने और उसके मायाजाल के ऊपर उठकर,
शुद्ध चेतना में पुनः अवस्थित होने का

त्रिक उपाय है।।

यह उपाय,
नवमी शताब्दी में,
ऋषि वासुगुप्त को स्वयं भगवान शिव ने सपने में बतलाया।
ऋषि ने दूसरे दिन,
पर्वत में छुपा शिव सूत्र का शिलालेख पाया।।

त्रिक उपाय,
आध्यात्मिक स्थिति
के अलग अलग सोपान पर खड़े
नर के लिए,
अलग अलग उपयुक्त तीन सहाय है।।

सम्भोपाय,
विकल्पहीन सतत जागरूकता की राह है।
जिसमें चेतना
सीधे स्वयं को देख लेती है।

शाक्तोपाय
चित्त का सफर है।
मैं हूं से मैं नहीं हूं के
विचारों की लहर है।।
जहां चेतना
अपने ही स्पन्दन,
विचार,
भाव और शक्ति के माध्यम से

स्वयं को पहचान लेती है।।

आणवोपाय,
में मायाबद्ध लघु अणु
अनुशासन की डगर थाम,
अपनी लघुता,
बुद्धि, मन और अहंकार की सीमितता को सफर की शुरुवात मान,
मंत्र-जप,
प्राण को साध,
चेतना की सफर,
योग क्रिया से तय करता है।।

तीनों उपाय का है
एक ही
लक्ष्य।
तजना है जीवन के
मायावी बंधन का भार।
शिव ही सत्य,
शिव ही चेतना,
शिव हीं हैं अस्तित्व का सार।।

जो पढ़े सूत्र, जो समझे सार,
उसके भीतर शिव रूपी चेतना साकार।।

जब नर अपनी
शक्ति को पहचान पाता है,
तो उसे समझ आता है कि

हर क्रिया, हर विचार
उसकी ही ऊर्जा का है प्रसार।।

जब वह ध्यान शिव का करता है, तब
स्थिरता और शांति में
अपनी असीम चेतना को देख सकता है।
और जब
आत्मा को है लेता पहचान,
उसे स्मरण होता है,
"मैं वही हूँ, मैं तो शिव हूँ।"

पीड़ा आनंद में बदल जाती है।
बंधन स्वतंत्रता में बदल जाता है।।

त्रिक का मार्ग कठिन नहीं है,
यह मात्र स्मरण है।
भीतर झाँकना है ,
चेतना को पहचानना है।
और जब यह पहचान होती है पूरी,
तो नर
फिर से शिव बन जाता है,
आनंदित, मुक्त, और पूर्ण।।

इसलिए यह ग्रन्थ
संन्यासी का भी है
और गृहस्थ का भी।
ध्यानस्थ साधक का भी

और संसार में उलझे मनुष्य का भी।

शिवसूत्र
न धर्म सिखाता है,
न आस्था की माँग करता है,
न किसी ईश्वर की आराधना चाहता है।
यह तो मनुष्य को
अपने अनुभव के केन्द्र तक ले आता है।।

शिवसूत्र
मनुष्य में कुछ जोड़ता नहीं।
केवल
गलत जोड़ हटाता है।
गलत पहचान,
गलत बोझ,
गलत जल्दबाज़ी,
मिटाता है।

और जब वे हटते हैं,
तो शेष रहता है
कोई विशेष अवस्था नहीं,
कोई सिद्धि नहीं,
कोई चमकदार अनुभव नहीं,
बल्कि वही
साधारण,
स्वाभाविक,
निर्विकार,

चेतना,
जिसे हम
जीवन की दौड़ में
पीछे छोड़ आए थे।।

शिवसूत्र का सत्य अत्यन्त निकट है।
इतना निकट
कि उसे देखने के लिए
मनुष्य को
एक कदम भी न आगे बढ़ना है,
न पीछे हटना।
बस देखना है,
पार,
अपने ही भ्रम के, अपने हीं भ्रम से।।

यही शिवसूत्र है।
न आरम्भ,
न अन्त—
केवल
स्मरण।।

-----oooxxxxxooo-----

# Acknowledgements

इस पुस्तक में उपयोग किए गए सूत्र
का स्वरूप और क्रम
आदरणीय जयदेव सिंह द्वारा रचित और
M/S मोतीलाल बनारसी दास द्वारा प्रकाशित पुस्तक
" Shiv Sutras, the yoga of supreme identity"
से प्रभावित हैं।।

# 1. सम्भोपाय सूत्र 1

शिव सूत्र के सम्भोपाय का प्रथम सूत्र है : चैतन्यमात्माः।
चैतन्यम आत्मा।
चेतना ही आत्मा है।।

चेतना मन नहीं,
बुद्धि नहीं,
अनुभूति भी नहीं।।

चेतना वह प्रकाश है जिसमें
मन, बुद्धि,अस्तित्व, अनुभव, सब आलोकित होता है,
प्रकाशित होता है।।

चेतना का कोई रंग नहीं, कोई भाव नहीं।
चेतना का या चेतना पर,
किसी का कैसा भी कोई प्रभाव नहीं।।

चेतना दिखता नहीं, सिर्फ देखता है।
सुनता है पर सोचता नहीं।
चखता है, महसूस करता है मात्र उपस्थिति,
कोई स्वाद नहीं, कोई द्वेष या राग नहीं।।

लेकिन, उपस्थिति में इसके
सब घटित होता है।
वस्तु , व्यक्ति, सोच, चिंतन, मनन।

अस्तित्व भी, ज्ञान भी, अज्ञान भी।।

चेतना बोध की अवस्था है।
संपर्क में इसके जब कुछ आता है, तभी
होता उसका ज्ञान है।
जाग्रत या स्वप्न नहीं,
सुषुप्ति अवस्था का भी इसको भान है।
तुरीया अवस्था इसका मान है।।

चेतना मन या बुद्धि नहीं, लेकिन
मन और बुद्धि का अस्तित्व
इसके आलोक में होता है।
हंसना- रोना, पाना-खोना, संपत्ति-प्रतिष्ठा, मान- अपमान,
लगाव - दुराव का बोझ तो,
मन ढोता है।।
चेतना सिर्फ होता है।।

भ्रम आत्मा का भी कुछ कम नहीं।
जीवन ऊर्जा,
प्राण शक्ति,
भगवान का अंश,
कर्मों का दंश,
और पता नहीं क्या क्या अर्थ
इसके हमने लगाए हैं।
गलत नहीं सब पूर्णतया, पर
विभिन्न प्रसंगों में भिन्न भिन्न रूपकों ने
भ्रांति

बहुत फैलाए हैं।।

आत्मा का सरल अर्थ "सार" है।
किसी भी वस्तु, व्यक्ति, स्थिति का मूल स्वभाव उसका सार होता है।
सार है तो वह है
अन्यथा नहीं है , या कुछ और है।।

चैत्यन्यामात्मा,
चेतना ही सार है।।

कोई दृश्य देखा,
अच्छा या बुरा लगा।
देखना चेतना है,
अच्छा या बुरा लगना मन का परिणाम है।।

चेतना से मन को जोड़ना या मन को मैं मानना,
बंधन है, अज्ञान है।।

स्वयं को मैं से पृथक,
वैरागी चेतना समझना और चेतना को साक्षी,
जीवनमुक्ति है, ज्ञान है।।

आओ कुछ पल मन से दूर,
केवल चेतन रहें।
जो कुछ भी इस पल इंद्रियों को ज्ञात हो, उसे महसूस करें।
सिर्फ महसूस।

विवेचना नहीं,
मूल्यांकन नहीं,
तृष्णा नहीं, वितृष्णा नहीं।
जो है सो है।
कैसा है, क्यों है ??
कोई प्रश्न नहीं, कोई सवाल नहीं।।

मन
शोर मचाएगा, उछल कूद कर चेतना से, बार बार, लिपट जाएगा।
मैं और मेरा का भाव जगाएगा।
फंसना नहीं,
प्रतिक्रिया न देना।।
मन को, मन के उत्पात को
सिर्फ़ देखना,
तटस्थ रहकर, साक्षी बनकर।
यही प्रथम शिवसूत्र का सार है।।

# 2. सम्भोपाय सूत्र 2

शिव सूत्र के सम्भोपाय का दूसरा सूत्र है:
"ज्ञानं बंधः"
ज्ञान बंधन है।

प्रथमदृष्टया यह श्लोक
असंगत प्रतीत होता है।।

ज्ञान तो बंधन काटता है,
मुक्त करता है हमें,
मोक्ष देता है।
ज्ञान, बंधन का कारक कैसे?

बहुतों ने इस सूत्र को
ज्ञान का भेद बता,
इंद्रियजनित ज्ञान और आध्यात्मिक ज्ञान के फर्क से समझाया है, पर
मैने इसका अर्थ,
सरल शाब्दिक रूप में
प्रथम सूत्र में वर्णित चेतना के निरंतरता के संदर्भ में पाया है।।

हमने,
ज्ञान को प्रकाश की तरह
बहुत भारी तौला है, और अज्ञान को कमतर।
कारण शायद, प्रकाश से मिलने वाली सुरक्षा होगी और अंधकार से
डर।।

हम अक्सर भूलते हैं,
प्रकाश सीमित है और अंधकार असीमित।
रौशनी की सीमा है।
श्रोत से हो दूर, पहले मध्यम, फ़िर विलीन होता है।
अंधकार असीमित है।
बस है, जैसा था वैसा है।
अनंत, अनादि, अपरिवर्तनीय
चेतना स्वरूप।।

ज्ञान तो प्रकाश की तरह,
अर्जित होता है।
मैं के बोध में प्रकट होता है।
अस्तित्व में सृजित होता है।
"बस है" में
ज्ञान प्राप्ति का एक जोड़ होता है।।
ज्ञान का जन्म है तो मरण भी।।

विपरीत इसके
चेतना,
अंधकार की तरह,
बस होता है।।
अनंत, अनादि।
न जन्म, न मरण।
न बढ़ता है, न घटता है।।

ज्ञान चित की वृत्ति है।

वृत्ति उपयोगी हो या अनुपयोगी,
बांधता है।
शांत,निश्चल चित को कर आंदोलित,
मानव के मूल स्वभाव "द्रष्टा" पर
माया का आवरण,
डालता है।
वृत्ति बंधन है।।

पतंजलि ने भी ऐसा ही कुछ माना है।
"योगश्चित्तवृत्तिनिरोधः" से
"तदा द्रष्टुः स्वरूपेऽवस्थानम्" को पहचाना है।।

शिव सूत्र के प्रथम भाग के दूसरे सूत्र का सरल अर्थ है।
जो हो वही रहो।
चेतना हो, चैतन्य रहो।।

# 3. सम्भोपाय सूत्र 3

शिव सूत्र के सम्भोपाय का तीसरा सूत्र है,
"योनिवर्गः कलाशरीरम"।।

सृष्टि के श्रोत और उनके तत्वसमूह,
शरीर रूप में अभिव्यक्त होते हैं,
कर्ताभाव जनते हैं।।

सृष्टि के तत्वसमूह मायावी हैं।।

अहंकार,बुद्धि, मन, ज्ञानेंद्रियां, कर्मेंद्रियां, तन्मात्रा और पंचभूत।
प्रकृति के ये तत्वसमूह,
अविभाज्य चेतना को,
समष्टि को,
नाम और रूप की पृथक पहचान देता है।
व्यष्टि होने का भान देता है।।

यह भान बंधन है,
मल है।
जो शुद्ध स्वच्छ चेतना पर पसर जाता है, उसे मैला बनाता है।।

आणव मल
लघु, नियत्ता, सीमित होने का भाव है।
सीमितता से होता है क्षय का भय।
भय से राग - द्वेष,

मित्र - शत्रु,
अपना - पराया,
मोह - माया।।

आणव मल
सार्वभौमिक चेतना को कर सीमित ,
अनुभव जन्य अस्तित्व को हीं सत्य बतलाता है।।

तत्त्वों का "माया मल",
एक का अनेक होने का भ्रम फैलाता है।
बुद्धि, मन, अहंकार
मिलकर,
इंद्रियजन्य अनुभव तक हीं
चेतना का प्रसार बतलाता है।
अज्ञान को ज्ञान समझ जाता है।।

अज्ञान ज्ञान की अनुपस्थिति नहीं, भ्रमित ज्ञान है।।

पृथक पहचान,
आत्म- संरक्षण और आत्म -प्रसार की स्वाभाविक प्रवृति, और
क्रिया संग अहंकार का संज्ञान,
क्रिया में कर्म तथा साधन में
कर्ताभाव जगाता है।।
नाम-रूप का सार बिसार, मानव,
कृतियों का संसार बसाता है।।

यह कर्म मल है, कर्मों का बंधन।

कर्म मल,
साक्षी और कर्ता का भेद मिटाता है।।

भाव जो भी हो, गर बस जाए मन में,
तो वासना है।
वासना, जब बार बार बसे
तो संस्कार।
संस्कार हीं है सूक्ष्म शरीर का आकार,
रचाता है जो जन्म मृत्यु का कारोबार।।

जाकी रही भावना जैसी,
देता परिस्थिति, परिवार, शरीर, संसार वैसी।।

आणव , माया और, कर्म मल का
बंधन क्रम, निरंतर होता है।।
चेतना की सतत जागरूकता छोड़,
मानव, वासना की चिर निद्रा में,
खुली आंख सोता है।।

सूत्र 3 का मर्म भ्रमित ज्ञान, अज्ञान की पहचान का है।
स्वाभाविक और आध्यात्मिक ज्ञान के संज्ञान का है।।।

# 4. सम्भोपाय सूत्र 4

शिवसूत्र के सम्भोपाय
का चौथा सूत्रः
"ज्ञानाधिष्ठानं मातृका"
का शाब्दिक अर्थ है,
ज्ञान का अधिष्ठान मातृका है।।

मातृका का मतलब
अनजाना, नसमझा हुआ माँ भी है,
और वर्णमाला में निहित,
समस्त ब्रह्मांड की जनक शक्तिरूपा
ध्वनि भी है,
अ से क्ष तक।।
नाद ब्रह्म भी कहते है इसे।।

हम देखते, सुनते, चखते, सूंघते,
महसूस तो करते हैं इंद्रियों से,
पर, सोचते
वर्णमाला में छुपी शक्ति मातृका से हैं।।

मातृका हीं,
हमें शुद्ध चेतना का,
आणव मल से
आच्छादित, संकुचित प्रतिरूप चित्त से

परिचय कराती है।
मानव में प्रतिबिंबित असीम चेतना
को शरीर से सीमित, लघु होने का
भ्रमित ज्ञान दिलाती है।।

मातृका की शक्ति हीं
मानव को,
माया मल कारण पृथक अस्तित्व का ज्ञान और,
कर्म मल से मलिन हुई
साक्षी चेतना को कर्ता के अहंकार का अभिमान कराती है।।

मातृका हीं
सर्वज्ञानी, सर्वव्यापी, सर्वशक्तिमान
चेतना को,
मलिन चित्त के भ्रमित ज्ञान से,
व्यक्ति होने का भान कराती है।।

मातृका हीं मलिन चित्त के ज्ञान का अधिष्ठान है।।

यह मातृका शक्ति
घोर , महाघोर और, अघोर भी है।
घोर, शक्ति व्यक्ति को,
सांसारिक सुख उन्मुख बनाती है।
महाघोर, संसार में हमें,
तीव्र आसक्त, एकनिष्ठ कराती है।
लेकिन अघोर शक्ति,
जीवन में ,

सहजता का पाठ पढ़ाती है।
ज्ञान को अंतर्मुखी बनाती है।
किसी के जैसा नहीं,
जैसे मूलतः हैं, वैसा,
शुद्ध असीमित चेतना सरीखा सहज जागरूक जीना सिखाती है।।

शिव का यह सूत्र हमें,
जीवन बंध पहचान उससे पार पाने का अघोर मार्ग बतलाती है।।

# 5. सम्भोपाय सूत्र 5

शिवसूत्र के सम्भोपाय भाग का पांचवां सूत्र है:
“उद्यमो भैरवः”
अर्थात् अचानक उठने वाला उदय ही भैरव है।

उद्यम का सामान्य अर्थ है प्रयास, आरंभ, मेहनत।
पर सूत्र में उद्यम है स्वस्फूर्त जागरण,
भीतर की लहर।
जो बिन प्रयत्न, बिन साधना,
बगैर किसी मंत्र जाप ,
अचानक ही,
चेतना को जाग्रत कर देती है।

भैरव
सामान्यतः
शिव के भयंकर रूप का द्योतक है। लेकिन, यह
भ से भरण , र से रवण है और, व से वमन भी है।।

भैरव,
जो सबको धारण करता है (भरण),
जो सबको गति देता है (रवण),
और अंत में सबको अपने में विलीन कर लेता है (वमन)।
भैरव ही सृष्टि का आधार, प्रवाह और अंत है।

जब हम मायाबद्ध हो,
शिव से नर बन जाते हैं।
पीड़ा सहते है।
क्योंकि,
हमें लगता है कि हम लघु हैं,
सीमित शक्तिवान हैं,
असहाय, अकेला इस विशालकाय ब्रह्मांड में हैं।।

पर,
जब अचानक भीतर उद्यम होता है,
लहर उठती है, जब होती है, आत्मानुभूति,
तो,
हमें स्वयं की पहचान होती है।।
क्षण में विश्वास होता है:
"मैं वही हूँ, मैं शिव हूँ।"

यह अनुभूति बंधन का टूटना है,
भ्रम का बिखरना है।।

"उद्यमो भैरव:"
बताता है कि मुक्ति कोई कठिन, दूरस्थ,
मंज़िल नहीं।
वह सहज रूपेण, क्षण में,
प्रकट हो सकती है।
जैसे,
शांत झील, हवा का छोटा स्पर्श पा, एकाएक तरंगित हो जाती है।
वैसे ही ,

हमारी सुषुप्त चेतना भी कभी कभी खुद के प्रकाश में
आलोकित हो जाती है।।

परम चेतना का प्रकाश,
याद दिलाता है हमें कि हम कभी अलग थे ही नहीं।
हम सदा से शिव ही थे।।

वही क्षण होती है मुक्ति।
वही उदय है भैरव।।
वही उद्यम है भैरव।।

# 6. सम्भोपाय सूत्र 6

शिव सूत्र भाग एक का छठा सूत्र है,
“शक्तिचक्रसन्धाने विश्वसंहारः”

सूत्र का शाब्दिक अर्थ है, कि
जब हम,
शक्ति-चक्र - - चेतना की विभिन्न शक्तियों जैसे
विचार, भावनाएँ, इंद्रियानुभव, स्मृतियाँ, इच्छाएँ, इत्यादि का संधान करते हैं,
सबको एकाग्र कर,
भीतर के केंद्र से जोड़ते हैं,
तब,
विश्व का संहार होता है।
प्रलय नहीं, भौतिक विलुप्ति भी नहीं।
संसार रहता है, जैसा है वैसा।
लेकिन संसार की,
सार्वभौमिक चेतना से पृथक एक स्वतंत्र सत्ता होने के अहसास का,
विनाश होता है।।

जगत का रूप,
हमारी चेतना की शक्तियों से ही निर्मित है।
जब तक ये शक्तियाँ
बाह्यमुखी होती हैं, हमें विविधता और भटकाव का अहसास होता है।
अनुभव हमें संसार होता है।।

जब शक्तियां एकाग्र हो भीतर केंद्रित होती है, तो
बाहरी विविधता मिट जाती है,
शेष रह जाता है केवल
शिव-चैतन्य।।

यह विश्वसंहार, अनुभव का
रूपांतरण है।
चेतना का अनावरण है।।

शक्ति- चक्र निरंतर घूमता है
विचारों की लहरें उठती है, गिरती है।
मानस में कभी स्मृति का झोंका आता है,
तो कभी
भविष्य की छाया छा जाती है।
मन को,
सीमित चित्त को भरमा जाती है।
कभी खुशी, कभी अहंकार;
कभी जीत का घमंड तो कभी हार की पीड़ा,
संसार पिला जाती है।।

जब हम हो अंतर्मुखी, शक्ति को केंद्र में बाँधते हैं।
विचारों का मेला थम जाता है,
भावनाओं की धारा रुक जाती है।
बाह्य - जगत का शोर मौन में घुलता है।
न कोई बाहर, न कोई भीतर,
सब एक ही लय में समा जाता है।।

जैसे लौ बुझते ही,
धुआँ आकाश में लीन हो जाता है।
जैसे निद्रा टूटते ही,
जागरण में स्वप्न विलीन हो जाता।
जैसे सूर्यास्त में विभिन्न रंग विलीन होता है, वैसे, अनुभव
मौन में घुलता हैं।
जैसे नदी सागर में मिलती है,
वैसे ही शक्ति के चक्र का संधान होते ही, संसार
शिव में समा जाता है।।

तब आभास होता है,
बाहर का संसार तो भीतर ही है।
विचार, भाव, अनुभूति सब,
शक्ति- चक्र चालित हैं।

जब मानव इस चक्र को थाम लेता है,
सन्धान करता है, ध्यान करता है, तो
विविधता मिट जाती है,
एकत्व शेष रह जाता है।

यह आलिंगन है मौन का,
यह आलिंगन है शिव का।
जहाँ कोई द्वैत नहीं सिर्फ चैतन्य बचता है।
तब हम जान जाते हैं कि
सब शिव की ही लीला है।
सब शिव का विस्तार है।

यही है छठे सूत्र का संदेश ।
शक्तिचक्रसन्धाने विश्वसंहार।।
मुक्ति बाहर नहीं, भीतर है।
विश्वसंहार का अर्थ है –
जगत का विलय शिव में।।
शक्ति को चेतना में केंद्रित करो,
शिव का अनुभव करो,
जगत स्वतः स्वप्न सा विलीन होता है।
अंततः सब शिव में ही विलीन होता है।
हर क्षण शिव है,
हर अनुभव शिव है।।

# 7. सम्भोपाय सूत्र 7

शिव सूत्र केसम्भोपाय भाग का सातवां सूत्र है,
"जाग्रत्स्वप्नसुषुप्तभेदे तुर्याभोगसम्भवः"

मानव जीवन तीन अवस्थाओं का,
चक्र है।
जागरण, स्वप्न और सुषुप्ति।।

जागरण में,
रंग, रूप, ध्वनि, गंध और स्पर्श मिल जगत निर्माण करते हैं।
इंद्रियों से संसार का हम रसपान करते हैं।

चंचल मन
स्मृति या भविष्य की
आशा, उत्कंठा, निराशा बीच निरंतर
भ्रमण करता है।
तन वर्तमान में और मन
भूत या भविष्य में ही रमण करता है।

तन और मन का यह बिछोह अवस्था,
मन को,
जिसकी चैतन्यता, चेतना का ,
चेतना द्वारा आलोकित हमरूप है,
बहिर्मुखी बना ,
पूर्ण चेतना को कर मौन,

रचाता सांसारिक शोर है।।

हम, इस शोर को सत्य मान सदा
सक्रिय होते हैं।
खुशी में हंसते और दुख में रोते हैं।
परंतु, इस अवस्था में भी,
पूर्ण चेतना का मौन सर्वदा साथ होता है।।

स्वप्न में मन,
स्मृतियाँ, इच्छाएँ और कल्पनाएँ से,
संसार की छवि रचता है।
वास्तविक नहीं होता यह संसार,
अपितु अनुभव इसका,
जाग्रत जैसा ही गहरा होता है।

स्वप्न हमें,
चेतना की स्वतंत्र शक्ति को समझाता है, जो बिना किसी बाहरी साधन के भी,
सत्य सा जगत रच पाता है।

सुषुप्ति में सब मौन होता है।
इंद्रियां , कर्मेंद्रियां, मन
सभी गहरी निंद्रा में लीन हो जाते हैं,
विचार, कल्पना और अनुभव, सभी
विलीन हो जाते हैं।
बचती है केवल गहरी शांति।।
लेकिन यह अवस्था भी

पूर्ण अज्ञान की नहीं।
कोई तो होता है इसका भी साक्षी,
जो निंद्रा भंग होने पर,
हमें
सुषुप्त होने का संज्ञान देता है।।

तीनों अवस्थाएं भिन्न हैं,
फिर भी, कोई तो है जो तीनों को जोड़ता है।
वही चेतना की तुरिया अवस्था है।।

वह कोई चौथी अलग अवस्था नहीं, बल्कि शुद्ध चैतन्य है
जो हर अवस्था में व्याप्त है।
जागरण में वही साक्षी देख रहा है।
स्वप्न में वही साक्षी अनुभव कर रहा है। और,सुषुप्ति में
वही साक्षी मौन को थामे हुए है।।

तुरिया का आनंद,
सच्चिदानंद,
किसी विशेष समय या स्थान पर निर्भर नहीं।
जीवन के हर क्षण में वह सम्भव है। चलते-फिरते,
बोलते-सुनते,
सोते-जागते,
सपने- देखते,
हर जगह वही चैतन्य है।।

ध्यान मौन बैठने का अभ्यास नहीं,
सर्वदा सजग रहने की स्थिति है।

जाग्रत में भी।
स्वप्न में भी।
सुषुप्ति में भी।।

सजग जब हम जागरण में रहते हैं,
तो
संसार की प्रतीति शिव का रूप है।
स्वप्न की सजगता में,
कल्पना,
शिव की लीला समरूप है।
जब हम सुषुप्ति में सजग रहते हैं, तो मौन
शिव का आलिंगन स्वरूप है।।

जाग्रत में भी वही, स्वप्न में भी वही,
सुषुप्ति में भी वही है।।

सूत्र का सार यही है।
अगर हम जीवन सजग हो जीएं तो
हर अवस्था में शिव है।
हर क्षण,
साक्षी स्वरूप शुद्ध चैतन्य की,
तुरिया की अवस्था है।।

# 8. सम्भोपाय सूत्र 8

शिव सूत्र सम्भोपाय का आठवाँ सूत्र है,
“ज्ञानं जाग्रत्”।

जाग्रत अवस्था ज्ञान है।

वही जागरण,
शिव तक,
चेतना तक,
आत्मा तक पहुंचने का द्वार है।।

जागरण,
चेतना की वह अवस्था है जिसमें,
हम अधिकतर समय जीते हैं।
खुली आँखें, इंद्रियाँ सक्रिय।
संसार रंगों, ध्वनियों और रूपों से भरा हुआ।
इसी स्थिति में हम
सबसे अधिक उलझते हैं।
इसी अवस्था में हमें अपने मैं का सबसे ज्यादा अभिमान होता है।
काम में, परिवार में, संबंध में, इच्छाओं में, संघर्ष में ध्यान होता है।
इनकी वेदना हम केवल
जाग्रत अवस्था में ही,
समझते हैं।
अनुभव करते हैं।।

सामान्यतः यह अवस्था ही भौतिक जीवन का मंच है,
पांच भूतों का प्रपंच है,
पर ,
शिवसूत्र की माने तो,
यह आध्यात्मिकता का प्रारंभ भी है।

यहां ज्ञान से तात्पर्य
केवल बाहरी वस्तुओं के संज्ञान का नहीं, बल्कि भीतर की सजगता का है।
सजगता,
जाग्रत अवस्था का अविच्छेद्य, अपरिहार्य पहचान है।।

जागरण में ज्ञान का अर्थ है –
सजग जागरण।
जब हम बात कर रहे हों, तो
भीतर देखें कि
कौन सुन रहा है?
जब कुछ देख रहे हों, तो भीतर पूछें कि
कौन देख रहा है?
जब किसी विचार में उलझे हों, तो पहचानें कि
कौन उस विचार को जान रहा है?

यह पहचान ही जागरण में सजगता की अवस्था है, जो
सामान्यतः होता नहीं है।
शायद ही कोई हो जो खुली आंख सोता नहीं है।।

जागरण में ही यदि हम सजग हो जाएँ, तो

ज्ञात होता है कि हर अनुभव,
शिव का रूप है।।
संसार का रंग-रूप, ध्वनि और स्पर्श सब शिव की अभिव्यक्ति हैं।
बाहरी जगत और भीतर का चैतन्य,
दोनों एक हीं हैं,
अलग नहीं।

बाहर जो दिख रहा है, वह
भीतर की चेतना का ही विस्तार है।
बाहर जो सुनाई दे रहा है, वह
भीतर की शक्ति का ही प्रतिध्वनि है।
बाहर जो अनुभव हो रहा है, वह भीतर के शिव की ही लीला है।

तब हमें ज्ञात रहता है कि यह सब केवल रूप हैं, और
रूपों के पीछे एक मौन साक्षी है।
वह साक्षी ही शिव है।
शिव का संज्ञान ही ज्ञान है।।

आठवाँ सूत्र – "ज्ञानं जाग्रत्" –का सार है कि,
जागरण में सजगता ही
साधना का प्रथम द्वार है।
सजग जाग्रत अवस्था,
ज्ञान है।।

# 9. सम्भोपाय सूत्र 9

शिव सूत्र के शाम्भवोपाय भाग का
नवाँ सूत्र है
“स्वप्नदर्शनं विद्यासम्भवः”।

स्वप्न एक अवस्था है,
जहाँ मन छवियाँ रचता है।
जाग्रत अवस्था के अनुभव, इच्छाएँ, स्मृतियाँ और कल्पनाएँ,
नींद में,
सत्य सरीखा संसार की
संरचना करता हैं।
हम इसे भ्रम मान सकते हैं पर,
सजग स्वप्न भी,
आत्मज्ञान का साधन है।।

स्वप्नदर्शन ,
स्वप्न देखना नहीं, बल्कि
स्वप्न में सजग रहना  है।
जब हम स्वप्न में ,
स्वप्न को पहचान लेते हैं,
जान लेते हैं कि यह स्वप्न है, तो
हमें स्वतः ज्ञात होता है कि
स्वप्न और जागरण
दोनों ही
चेतना की ही अभिव्यक्ति हैं।

इस पहचान की अनुभूति,
स्वप्न में विद्याप्राप्ति की गति है।।

स्वप्न के प्रतीक,
अन्तर्मन के भेद खोलते हैं।
दृश्य, व्यक्ति, घटना सब चेतना के संकेत देते हैं।
सजग साधक इन संकेतों से आत्मज्ञान प्राप्त लेते हैं।
यही है विद्यासम्भव,
स्वप्न से ज्ञान का सम्भव होना।

स्वप्न मस्तिष्क की यादृच्छिक तरंगें नहीं, बल्कि
चेतना के गहरे स्तरों से जुड़ा
संकेत, साधना और आत्मज्ञान के
माध्यम हैं।।

स्वप्न में आत्मा
अपने संचित संस्कारों और
अवचेतन सूक्ष्म ज्ञान को प्रकट करती है।।

स्वप्न केवल कल्पना नहीं।
कभी चेतावनी,
कभी प्रेरणा, और कभी
गहन आध्यात्मिक अनुभव भी है।।

भीतर से उत्पन्न,
स्वप्न,
आंतरिक विद्या का दर्शन भी है।।

स्वप्नदर्शन,
एक प्रयोगशाला है।
वहाँ सजगता से विदित होता है,
कैसे स्वपन में मन,
बिना किसी साधन,
बिना इन्द्रियों के अनुपालन
केवल अपनी इच्छाशक्ति से,
सत्य सरीखा जगत
रचता है,
संपोषित करता है और
क्षण में विलीन भी,
फिर से
एक नए के लिए।।

लेकिन,
स्वप्न निर्मित जगत के,
अनवरत बनते बिगड़ते क्रम में,
साक्षी, द्रष्टा
यथावत अपरिवर्तित बना रहता है।।

स्वप्न का अनुभव हमें
जगत के सत्यता में असत्यता, और नित्यता में अनित्यता से
अवगत कराता है।
समझाता है।
बाह्य जगत और माया भ्रम, दोनों ही ,
चेतना का ही विस्तार है।।

स्वप्न चेतना की साधना का क्षेत्र भी है।
स्वप्न में सजगता,
चेतना का ही अवतार है।
तुरिया अवस्था से साक्षात्कार है।।

सार यही है।
स्वप्न केवल भ्रम नहीं, बल्कि आत्मज्ञान का साधन भी है।।

# 10. सम्भोपाय सूत्र 10

शिव सूत्र का यह सम्भोपाय भाग का सूत्र 10,
संक्षिप्त किन्तु अत्यन्त गूढ़ सूत्र है।
“सुषुप्ति-संबन्ध प्रबोधः”
चेतना के उस सूक्ष्म द्वार की ओर संकेत करता है, जहाँ
जागरण और अज्ञान,
दोनों के अर्थ बदल जाते हैं।
यह सूत्र अस्तित्व की आन्तरिक रचना का उद्घाटन है।।

सुषुप्ति है गहरी निद्रा की अवस्था।
जहाँ न स्वप्न हैं,
न विचार,
न ‘मैं’।
और फिर भी – हम हैं।।

सुषुप्ति में क्या नहीं है,
है नहीं सोचना।
सोचो कि
वहाँ क्या बना रहता है!

सूत्र का शाब्दिक अर्थ,
सुषुप्ति के संबन्ध से उत्पन्न
प्रबोध, अर्थात
जागरण की अवस्था, है।

यहां जागरण शब्द
वास्तविक जागरण है।
केवल,
इन्द्रियों का खुलना नहीं।।

स्मृति-चेतना की वह अवस्था है, जहाँ सब कुछ लुप्त होकर भी
चेतना,
बनी रहती है।।

गहरी नींद में न देह का बोध है,
न मन का शोर,
न अहंकार की कथा।
और फिर भी,
जागने पर हम कहते हैं,
"मैं गहरी नींद में था, मुझे कुछ पता नहीं चला।"

यह "मुझे कुछ पता नहीं चला"
ही इस सूत्र की कुंजी है।।
वह कौन है,
जिसे पता है कि,
कुछ नहीं जाना जा रहा??

यह शिवसूत्र हमें आम जीवन की चेतना से उठाकर,
तत्त्वबोध की भूमि पर खड़ा करता है।।

सुषुप्ति अज्ञान नहीं,
अविवेकात्मक शान्ति है।

वहाँ प्रकाश सिर्फ़ ढका हुआ है,
बुझा हुआ नहीं।।

सूर्य बादलों से छिप जाए
तो आकाश अन्धकारमय दिखता है,
पर सूर्य नष्ट नहीं होता।
सुषुप्ति में
चैतन्य ढका होता है, लुप्त नहीं।।

प्रबोध वह क्षण है
जब साधक यह जान लेता है कि –
"जिस शून्य को मैं अज्ञान समझ रहा था,
वही मेरी वास्तविक सत्ता की छाया थी।"

सच्चा जागरण नवीन अनुभव जोड़ने से नहीं, बल्कि
उस आधार को पहचानने से होता है,
जो,
अनुभव के अभाव में भी उपस्थित रहता है।।

सामान्यतः जीवन में हम
जाग्रत को चेतन,
स्वप्न को अर्धचेतन, और
सुषुप्ति को अचेतन अवस्था मान लेते हैं। लेकिन शिवसूत्र
इस क्रम को उलट देता है।।

सुषुप्ति में चेतना
पूर्ण शुद्ध है, केवल स्वयं को पहचानती नहीं,

जाग्रत अवस्था में पहचानती है।।

जो व्यक्ति
दिन में जागते हुए भी
उस गहन, निर्विकार शान्ति को स्पर्श कर ले –
वही वास्तव में जाग्रत है।
शेष तो केवल आँखों का
खुला होना है।।

सुषुप्ति-संबन्ध प्रबोधः
हमें यह स्मरण कराता है कि जीवन,
शान्ति को खोजना नहीं,
पहचानना है।
क्योंकि, हम कभी उससे अलग हुए ही नहीं।।

यही शिवदृष्टि है।
यही जागरण है।।

सुषुप्ति में प्रबोध का अर्थ यह नहीं कि
आप नींद में कुछ अनुभव करें।
अर्थ यह है कि –
आप यह जान लें कि
अनुभव के अभाव में भी
आप अनुपस्थित नहीं होते।।

जब यह बोध,
जाग्रत अवस्था में स्थिर हो जाता है,

सुषुप्ति
अज्ञान नहीं,
शिव का पार्श्व बोध बन जाता है।।
सुषुप्ति विश्राम की अवस्था मात्र नहीं,
आत्मज्ञान का द्वार भी है।।

# 11. सम्भोपाय सूत्र 11

शिव सूत्र के सम्भोपाय भाग का यह ग्यारहवाँ सूत्र,
"त्रितयभोक्ता वीरेशः"
कोई साधन नहीं, एक स्थिति है।
यह कहता नहीं –घटता है।।

कश्मीर शैव दर्शन में त्रितय
बहुस्तरीय है।
यह सूत्र,
तीन-तीन स्तरों पर खुलता है।।
"त्रय" कोई गिनती नहीं,
देखने की दृष्टि है।
चेतना का बहुस्तरीय उद्घाटन हैं।
एक ही सत्य अलग स्तरों पर
तीन रूपों में प्रकट होता है।।

मूल दार्शनिक त्रय है,
शिव ( चेतना),
शक्ति (चेतना की स्वाभाविक क्षमता),
नर (जीव, संकुचित चेतना, अनुभवकर्ता)
यह भेद नहीं,
अभिव्यक्ति के स्तर हैं।।

शक्तियों का त्रय है,
इच्छा शक्ति – ज्ञान शक्ति – क्रिया शक्ति।

“त्रितयभोक्ता वीरेशः” में यही त्रय प्रधान रूप से अभिप्रेत है।

अवस्थाओं, अनुभव का त्रय है,
जाग्रत – स्वप्न – सुषुप्ति।।

अनुभव-संरचना का त्रय है
कर्ता – करण – कर्म।
तीनों की पृथक प्रतीति बंधन है,और मुक्ति,
तीनों की समेकित लीला की अनुभूति।।

ज्ञान का त्रय है
प्रमेय ,ज्ञेय वस्तु;
प्रमाण, जानने का साधन, और
प्रमाता, जानने वाला।
तीनों शिव की आत्म-संवित में ही घटित होते हैं।।

बंधन (मल )का त्रय,
आणव मल – माया मल – कर्म मल।
ये चेतना के दोष नहीं, संकुचन के उपकरण हैं।।

काल का त्रय
भूत – वर्तमान – भविष्य
भी रैखिक नहीं,
चेतना की तीन गतियाँ हैं।
शिव के लिए, वीरेश के लिए
एक साथ उपस्थित।।

जहाँ भी–
अनुभव है, गति है, सम्बन्ध है
वहाँ चेतना
अपने को तीन कोणों से देखती है।
और इन सभी त्रयों का भोक्ता, स्वामी और स्वरूप है,
वीरेश, शिव।।

यहाँ "भोग",
सुख का उपभोग या,दुःख की
सहनशीलता नहीं,
बल्कि वह सामर्थ्य है जिसमें,
अनुभव आता है , जाता है, लेकिन
अनुभवकर्ता सर्वदा अप्रभावित रहता है।
ज्यों का त्यों।।

कर्ता, करण, और कर्म,
तीनों एक ही चेतना के तीन स्पन्दन हैं।
और जो इन तीनों को
न रोके,
न छोड़े,
न नियंत्रित करे, बस धारण कर ले, वही
त्रितयभोक्ता है, वीरेश है।।

वीर वह नहीं जो संसार से लड़े।
वीर वह,जो
अपने लुप्त होने से न डरे।।
शून्य में रहकर भी अपनी सत्ता न खोए।

जिसे पता हो, “मैं कुछ नहीं हूँ”,
फिर भी उसके लिए
सब कुछ बना रहे।।

वीरेश वह चेतना है
जो न सुख से बँधती है, न दुःख से सिकुड़ती है,
न ज्ञान से फूलती है, न अज्ञान से डरती है।
वह भीतर भी नहीं, बाहर भी नहीं।
वह अनुभवों का स्वामी नहीं,
अनुभवों की भूमि है।।

यह सूत्र समझाता है कि–
जो खोज रहा था,
वह कभी खोजने वाला था ही नहीं।
वह तो सदा से
तीनों अवस्थाओं का
तीनों शक्तियों का
तीनों भूमिकाओं का
निर्भय भोगकर्ता था।।

जैसे ही यह ज्ञात होता है, तत्क्षण
साधक समाप्त।
शास्त्र मौन।
रहता है बस,
अखण्ड, स्वाधीन, निडर चेतना।
यही है
त्रितयभोक्ता वीरेशः।

"त्रितयभोक्ता वीरेशः"
केवल अनुभव की नहीं, शक्ति की भी घोषणा है।
चेतना केवल देखती नहीं, रचती भी है।
शिव केवल साक्षी नहीं,
शक्ति उसका स्वभाव हैं।

इच्छा –
वह पहला कम्पन,
जिससे होने की आकांक्षा उठती है।
कुछ बनने की नहीं
कुछ होने की नहीं, बस सिर्फ़
प्रकट होने की।।

ज्ञान –
वह प्रकाश
जिससे वही इच्छा स्वयं को जान लेती है। वस्तुओं को नहीं, स्वयं को देख लेती है।।

क्रिया –
वह गति
जिससे यह जाना हुआ
जगत बनता है,
शब्द बनता है,
शरीर बनता है,
जीवन बनता है।।

सामान्यतः मनुष्य में तीनों शक्तियाँ
टूटी हुई होती हैं।
इच्छा कहीं और भागती है,
ज्ञान कहीं और उलझा है,
क्रिया कहीं और थक जाती है।।

इस विखण्डन का नाम ही बंधन है।।

पर हम जब केन्द्र में स्थिर होते हैं, तो
इच्छा जब उठती है,उसी क्षण
जान लेती है कि वह क्यों उठी।
ज्ञान जब प्रकाशित होता है,
उसी क्षण क्रिया बन जाता है। और
क्रिया जब घटती है उसी क्षण
मौन में लौट आती है।।

अब न इच्छा बँधन है,
न ज्ञान भार है,
न क्रिया थकान है।
तीनों
एक ही चेतना के
तीन स्वाभाविक स्पन्दन हैं।
और जो इन तीनों को
न दबाता है,
न बढ़ाता है,
न साधता है—
बस स्वतः होने देता है, वही

त्रितयभोक्ता है।
यह भोग
इन्द्रियों का नहीं,
यह भोग
शक्ति का है।
यह वह अवस्था है
जहाँ साधक कह सकता है–
मैं चाहता हूँ,
पर इच्छा मुझ पर शासन नहीं करती।
मैं जानता हूँ,
पर ज्ञान मुझे अलग नहीं करता।
मैं करता हूँ,
पर क्रिया मुझे बाँधती नहीं।
यही वीरता है।

वीर वही है
जो यह सह सके कि–
"मैं ही इच्छा हूँ,
मैं ही ज्ञान हूँ,
मैं ही क्रिया हूँ।"
फिर भी,
इनसे बड़ा बना रहे।
वीरेश वह है जो शक्ति में उतरता है पर शक्ति में खोता नहीं।
जो संसार रचता है, पर
संसार में फँसता नहीं।
जो कर्म करता है, परन्तु
कर्म से छोटा नहीं होता।।

जाग्रत, स्वप्न और सुषुप्ति भी
इन्हीं शक्तियों के
तीन रंग बन जाते हैं।
जाग्रत – क्रिया का विस्तार।
स्वप्न – ज्ञान का खेल।
सुषुप्ति – इच्छा का बीज।
और इन तीनों का भोक्ता
कोई जीव नहीं,
शिव ही है।

इसलिए यह सूत्र
कोई साधना नहीं सिखाता।
यह केवल यह उद्घोष करता है–
जब इच्छा शुद्ध हो जाए,
ज्ञान स्वाभाविक हो जाए,
और क्रिया सहज हो जाए–
तब साधक नहीं रहता।
तब केवल
स्वाधीन, निर्भय, अखण्ड चेतना रहती है
जो शक्ति को भोगती नहीं,
शक्ति बन जाती है।
यही
त्रितयभोक्ता वीरेशः है।

# 12. सम्भोपाय सूत्र 12

शिव सूत्र के सम्भोपाय भाग का यह बारहवाँ सूत्र –
“विस्मययोगभूमिका” –
कोई सिद्धान्त नहीं रचता,
साधना-विधि नहीं बताता,
केवल उस भूमि को अंतःप्रकाश से आलोकित करता है, जहां
साधना अपने आप मौन हो जाती है।।

सूत्र का शाब्दिक अर्थ,
विस्मय ही योग की भूमि है।।

पर यह विस्मय
आश्चर्य नहीं है,
चकित होना नहीं,
भावुक विस्फार नहीं।
यह वह क्षण है जहाँ मन,
कुछ पकड़ नहीं पाता,
और चेतना स्वयं को बिना मध्यस्थ,
देख लेती है।।

विस्मय तब घटता है
जब हम यह नहीं कह पाते कि–
“मैंने जाना”,
“मैंने अनुभव किया”,
“मैं पहुँचा”।

क्योंकि यहाँ
' मैं' का बोध शिथिल हो जाता है।।

अक्सर हम योग को,
कुछ करने का नाम देते हैं, जैसे
ध्यान करना,
स्थिर होना,
विचार छोड़ना,
साक्षी बनना।
पर,
योग कुछ करने से नहीं,
कुछ न कर पाने से प्रकट होता है।।

यह वह बिन्दु है जहाँ चेतना
ख़ुद के विस्तार देख, क्षणभर के लिए
निःशब्द हो जाती है।।

जैसे कोई चिरपरिचित घर में अचानक आकाश देख ले और
प्रश्न भूल जाए–
वैसा विस्मय।।

यह विस्मय
अज्ञान से नहीं,
अति-ज्ञान से जन्मता है।
जब हम यह जान लेते हैं कि,
जो कुछ जाना जा सकता था, सब जाना जा चुका है।
फिर भी

कुछ शेष है जो जाना
नहीं जा सकता।
बस उसी क्षण विस्मय घटता है,
और वही
योग की भूमि है।।

यहाँ साधक
ध्यान में नहीं बैठता,
ध्यान
साधक में उतर आता है।
यहाँ चेतना
विषय को नहीं देखती,
स्वयं को घटते हुए देखती है।
और यह देखना
इतना सीधा,
इतना नग्न,
इतना अनावृत होता है
कि मन
उसे सह नहीं पाता।
वह चुप हो जाता है।।

विस्मय का अर्थ,
मन की सीमाओं का क्षणिक विघटन है, और
योग का अर्थ उस विघटन में भी
चेतना का अखण्ड रहना।।

इसलिए यह सूत्र सीधे बोध का

मार्ग है।
बिना क्रम,
बिना विधि,
बिना अभ्यास।
यहाँ कोई
धीरे-धीरे नहीं पहुँचता।
अचानक सब कुछ पास आ जाता है।
इतना पास
कि दूरी का विचार
अर्थहीन हो जाता है।
जाग्रत, स्वप्न और सुषुप्ति
तीनों
एक ही स्वाद में घुल जाते हैं।
यहाँ इच्छा उठती है
और स्वयं को देख मौन हो जाती है।
ज्ञान प्रकाशित होता है
और स्वयं में विलीन हो जाता है।
क्रिया जन्म लेती है
और बिना कर्ता के पूर्ण हो जाती है।

यह वह भूमि है
जहाँ त्रितय अपने स्रोत को
पहचान लेता है।।

और
जो इस विस्मय में ठहर सकता है,
जो इसे मात्र अनुभव समझ

पकड़ने की कोशिश नहीं करता,
वही वास्तव में
योग में स्थित है।।

यह विस्मय
डरावना भी है।
क्योंकि यहाँ आश्रय नहीं मिलता।
न शास्त्र,
न गुरु-वाक्य,
न अनुभूति का।

यहाँ केवल एक अनाम उपस्थिति है,
जो स्वयं से अभिभूत है।
और यह अभिभूत होना
कमज़ोरी नहीं, परम सामर्थ्य है।
क्योंकि
चेतना जो अपने ही अनन्त से
चकित हो सकती है,
वही चेतना, स्वाधीन है।।

इसलिए सूत्र यह नहीं कहता कि,
"विस्मय योग है।"
वह कहता है,
विस्मय योग की भूमि है।।

भूमि–
जिस पर अब चलना नहीं पड़ता।

भूमि–
जिस पर गिरने का भय भी नहीं।
भूमि–
जहाँ शिव, अपने ही चमत्कार को
बिना नाम दिए देखता है।
यही
विस्मययोगभूमिका है।।

# 13. सम्भोपाय सूत्र 13

शिव सूत्र के सम्भोपाय भाग का तेरहवां सूत्र,
"इच्छाशक्ति उमा कुमारी"।।

इच्छाशक्ति,
शिव का अर्थात चेतना की,
स्वाभाविक, सार्वभौमिक स्वरूप है।
वह सूक्ष्म है,
सबसे पहले उठती है,
सृष्टि से पहले स्पन्दित होती है।
इच्छा-शक्ति ही उमा कुमारी है।।

उमा,
तपस्विनी भी है,
और शक्ति भी।
संयम भी है,
और सृजन भी।
जो शिव के साथ है,
शिव में लीन है लेकिन लुप्त नहीं।।
चेतना की अविभाज्य अवस्था है।
शक्ति है जिसे, ज्ञात है कि वह
शिव से अलग नहीं, फिर भी
स्वतन्त्र है।
यही उमा है।।

उमा,
कुमारी है, कुंवारी है।
नवीन, निर्मल और अनछुई।
कुमारी होने का तात्पर्य, अहंकार से अछूता होना है।
व्यक्तिगत नहीं, सार्वभौमिक होना है।।

इच्छा यहाँ
किसी वस्तु को पाने की
चाह नहीं,
कामना नहीं।
मौन कम्पन है।

कुछ बनने की नहीं,
कुछ जोड़ने की नहीं,
बल्कि–
अपने को प्रकट करने की निर्दोष उत्सुकता।।

इसीलिए कुमारी कहा गया है।
कुमारी–
जो अभी दूषित नहीं हुई,
जो अभी परिणाम से नहीं जुड़ी,
जो अभी फल की आशा से मुक्त है।।

इच्छा जब ज्ञान से
पहले उठती है,
क्रिया से पहले हिलती है,
अहंकार से अछूती होती है,

जब “मैं करूँगा” से पहले
“मैं हूँ” स्वभाव को कंपित करती है,
तभी वह अविकृत , निष्कलंक, निर्मल रहती है।।

यहाँ सम्भोपाय
अपने चरम पर पहुँचता है।
क्योंकि अब हम कोई,
अभ्यास नहीं करते,
विस्मय में ठहरने की चेष्टा भी नहीं करते।
जब हम इच्छा को पवित्र देख लेते है,
अहंकार से अनछुआ।
तब, इच्छा बंधन नहीं बनती,
क्योंकि वह
ज्ञान और क्रिया से टूटी हुई नहीं है।
वह उठती है,
और उसी क्षण जान लेती है कि
वह क्यों उठी।
गति में आती है,
और तत्क्षण मौन में लौट आती है।
इस अवस्था में हमें अनुभूति होता है कि,
मेरी इच्छा,
मुझे नहीं चलाती।
मैं,
इच्छा को जन्म देता हूँ। फिर भी,
मैं उससे अलग नहीं।
यही उमा-तत्त्व है।।

इसलिए यह सूत्र स्त्री-तत्त्व की नहीं,
स्वाधीनता की घोषणा है।।

इच्छा जब शुद्ध होती है,
तो यह संसार,
बाँधती नहीं, स्वयं खेल बन जाती है।
यही सम्भोपाय का संकेत है।
जब इच्छा भी योग बन जाए,
चाह भी चेतना की लीला बन जाए, तब
साधना समाप्त।।

तब न त्याग शेष,
न ग्रहण शेष।
केवल
शिव-शक्ति का अखण्ड नृत्य।
उस चेतना और इच्छाशक्ति के नृत्य में
कुमारी उमा
मुस्कुराती है–
निर्दोष,
स्वतन्त्र,
पूर्ण।।

इच्छा अचेतन अवस्था में
समस्या है, किंतु
चैतन्य अवस्था में सृजन का श्रोत।

यही
इच्छाशक्ति उमा कुमारी का संदेश है।।

# 14. सम्भोपाय सूत्र 14

शिव सूत्र के सम्भोपाय भाग का चौदहवाँ सूत्र,
"दृश्यं शरीरम्",
एक वाक्य नहीं,
दृष्टि का पूर्ण रूपान्तरण है।।

जब इसके त्रिस्तरीय अर्थ
एक साथ खुलते हैं,
तो यह सूत्र समझा नहीं,
जीया जाता है।।

पहली दृष्टि में
यह सूत्र सरल लगता है।
जो दिखाई देता है, वही शरीर है।।

अब तक हम मानते थे,
मैं यह शरीर हूँ।।

पर जैसे ही यह वाक्य
अंदर उतरता है,
एक सूक्ष्म दरार पड़ती है,
दृश्य और दृष्टा के बीच।

यदि यह शरीर दृश्य है, तो
देखने वाला

इससे अलग कैसे नहीं हुआ?
दृष्टा तो दृश्य हो नहीं सकता।

यहीं से,
जीवन के प्रति पहला
दृष्टि रुपांतरण शुरू होता है।
शरीर अब "मैं" नहीं रह जाता,
पर "मुझसे बाहर" भी नहीं जा पाता।
एक घटना बन जाता है,
चलती हुई,
साँस लेती हुई,
थकती हुई,
आनन्दित होती हुई।।

न त्याज्य,
न पूज्य–
केवल दृश्य।
और यही दृश्यता
दूसरे, अधिक सूक्ष्म स्तर का द्वार खोलती है।

अब स्पष्ट होता है–
केवल यह देह ही दृश्य नहीं।
विचार भी दिखते हैं।
भावनाएँ भी उठती-गिरती हैं।
स्मृतियाँ भी आ-जा रही हैं।
यह "मैं" का भाव भी
एक बदलता हुआ दृश्य ही तो है।

तो फिर
शरीर कहाँ समाप्त होता है?

त्वचा पर?
श्वास पर?
मन पर?

नहीं!!

जो कुछ भी
चेतना के सामने प्रकट हो रहा है,
जो कुछ भी दृश्य है,
वही शरीर है।।

अब शरीर
एक सीमित आकृति नहीं रहता।
पूरा अनुभव-जगत
एक विराट शरीर बन जाता है।
जगत
देह से बाहर नहीं,
देह
जगत से अलग नहीं।
यह दूसरा अर्थ
शरीर-बोध को
पूरी तरह विस्तृत कर देता है।
और फिर,

जब यह विस्तार
अपने चरम पर पहुँचता है।।

तब,

तीसरा,
सबसे निर्णायक, और
सबसे मौन एवं गूढ़ अर्थ प्रकट होता है।

अब तक
एक दृष्टा था, जो
सब दृश्यों को देख रहा था।
पर, अब अचानक यह दिखने लगा कि,
देखने वाला भी तो नित्य नहीं।
यह भी तो परिवर्तनशील
अनुभव ही तो है।
साक्षी - भाव भी तो आता-जाता रहता है।।

उसी क्षण
द्रष्टा और दृश्य के बीच की
अंतिम दीवार
अपने आप गिर जाती है।।

अब कोई स्थिर "मैं" नहीं बचता,
न कोई अलग "शरीर"।
जो कुछ भी बचता है, वह
दृश्यता का एक अखण्ड प्रवाह है।

और वही प्रवाह,
चेतना का शरीर है।।

यहाँ
पहले अर्थ में
देह, शिव की अभिव्यक्ति है।
दूसरे में,
सारी सृष्टि ही शरीर है,
और तीसरे अर्थ में
दृष्टा भी फिसल जाता है,
पकड़ में नहीं आता है।।

तीनों
एक ही अनुभूति में
विलीन हो जाते हैं।।

अब शरीर
न बाधा है,
न साधन।
मात्र योगभूमि है।
चलना भी ध्यान है।
थकना भी साधना है।
जीना भी समाधि है।
क्योंकि,
अब कुछ भी "बाहर" नहीं।
जो दिख रहा है, वही शरीर है।
और जो शरीर है, वही चेतना है।

और जो चेतना है, वही
शिव है।।

यह सूत्र
शरीर को आध्यात्मिक नहीं, आध्यात्म को
जीवन में उतारता है।।

अब हम,
न देह से भागते हैं,
न देह को त्याजते हैं,
न देह को पूजते हैं,
न देह में फँसते हैं।
दृश्य को केवल दृश्य की तरह
देखते हैं।
और उसी देखने में ही हम
मुक्त है।।

यही
"दृश्यं शरीरम्" का पूर्ण, अखण्ड, जीवित अर्थ है।
देह, जगत और चेतना,
तीनों में,
कोई किसी को
न देख रहा, न दिख रहा है।
एक ही मौन स्पन्दन में
देखना और दिखना मात्र घट रहा है।।

चेतना

भूमिकाएँ बदलती है,
स्वरूप नहीं।।
भेद दृष्टि का है, तत्त्व का नहीं।।

# 15. सम्भोपाय सूत्र 15

शिव सूत्र के सम्भोपाय भाग का 15 वाँ सूत्र है
हृदयम्।

यहां हृदय का अर्थ,
न तो शारीरिक ,ना हीं भावनात्मक हृदय है।
न तो प्रेम या करुणा का केन्द्र है।।
यह सब इसके छाया-रूप हैं।
हृदय, यहां
चेतना का केन्द्र भी नहीं,
स्रोत भी नहीं,बल्कि
चेतना का चेतना में ठहरना है।।

हृदय वह है जहाँ
भीतर–बाहर का भेद अर्थहीन हो जाता है।
हृदयम् नाम स्वस्वरूपावस्थानम्,
अपने ही स्वरूप में ठहरना,
हृदय है।।

“दृश्यं शरीरम्”
दृष्टि को बाहर–भीतर के भेद से मुक्त करता है, तो "हृदयम"
उस दृष्टि को
उसके मूल स्रोत में स्थापित करता है।
दृश्य ,
हृदय से हीं उठता है और उसी में

लौट विलीन हो जाता है।

हृदय वह है जहाँ,
प्रश्न उठने से पहले मौन उपस्थित होता है।
यह वह स्थान नहीं
जहाँ से तुम जाते हो, पर वहां से तुम
कभी निकले ही नहीं।।

जब देह दृश्य हो जाती है,
और विचार निर्बाध आ-जा सकने वाली तरंगें,
जब "मैं देख रहा हूँ"
भी एक क्षणिक स्थिति लगने लगती है, तब
जो शेष रहता है,
उसी का नाम हृदय है।।

हृदय में
कुछ घटता नहीं,
कुछ रुकता नहीं।
सब कुछ
यहीं से उठता है
और यहीं बैठ जाता है,
जैसे तरंग
समुद्र से उठे
और समुद्र में ही
मिट जाए।
यह न भीतर है,
न बाहर।

भीतर–बाहर का भेद
यहीं
अपनी अर्थवत्ता खो देता है।
हृदय में
न साधक है,
न साधना।
न साक्षी है,
न दृश्य।
केवल
होना है–
इतना सरल
कि मन
उसे पकड़ नहीं पाता।
तुम इसे अनुभव नहीं करते,
क्योंकि
अनुभव भी
यहीं से जन्म लेता है।
तुम इसे जानते नहीं,
क्योंकि
जानना भी
यहीं से उठता है।
इसके सामने सब प्रकट होता है,
और यह स्वयं
कभी प्रकट नहीं होता।।

यदि तुम कहो–
"मैं हृदय में हूँ",

तो तुम उससे बाहर खड़े हो।
यदि तुम कहो,
“मैं हृदय को देख रहा हूँ" तो तुमने उसे
वस्तु बना दिया।।

इसीलिए
शास्त्र एक शब्द लिखकर रुक जाता है।
हृदयम्–
और फिर....चुप हो जाता है।।

क्योंकि आगे इसके
कुछ समझना समझाना नहीं,
केवल ठहरना है।
और उस ठहराव में
यह अचानक स्पष्ट हो जाता है कि,
जिसे खोज रहा था, वह पास था।।
जहां पहुँचना था, वहां पहुँचा हुआ ही था।

हृदय
कोई लक्ष्य नहीं,
कोई अवस्था नहीं।
स्वाभाविक स्थिति है जहाँ
शिव
कभी साक्षी नहीं बनता, क्योंकि
वह स्वप्रकाश संवित् है।
कभी कर्ता नहीं बनता,
बस

स्वयं में...., स्वयं के रूप में....
ठहरा रहता है।
यही
हृदयम् है।।

कश्मीर शैव दर्शन में
शिव
हृदय-स्वरूपः हैं, कोई दूरस्थ तत्त्व नहीं।
शिव हर अनुभव का मौन केन्द्र हैं।।

# 16. सम्भोपाय सूत्र 16

सम्भोपाय का सोलहवाँ सूत्र है,
"शुद्धतत्त्वसन्धाने अपशुशक्ति"।

हरेक शब्द को अलग अलग देखें तो,
शुद्धतत्त्व ,
परम शुद्ध चेतना, शिव–शक्ति का अविभक्त स्वरूप है।
सन्धान,
जुड़ाव की एक स्थिति है।
अपशु का वह जो पशु नहीं है।
पशु वह है, जो
स्वयं को बन्धित, सीमित, कर्ता-भोक्ता मानता है।
और,शक्ति ,
सामर्थ्य है, स्वतन्त्रता है।।

इस सूत्र का शाब्दिक अर्थ है
शुद्ध तत्त्व में स्थित होने से, जुड़ने से
पशुता -भाव की शक्ति
नष्ट हो जाती है।।

गूढ़ स्तर पर देखें तो, स्वाभाविक
प्रश्न उठता है,
अपशुशक्ति क्या है?

अपशुशक्ति,

कोई नई दिव्य शक्ति नहीं, बल्कि इसका अर्थ
“पशु बनने की शक्ति का ही समाप्त हो जाना है।”
स्वयं को सीमित मानने की क्षमता,
कर्ता-भोक्ता बनने की आदत,
“मैं अलग हूँ” का सहज विश्वास,
यह सब,
अपना अस्तित्व खो देता है।।

शुद्धतत्त्व में टिकने का मतलब
कोई ध्यान-वस्तु नहीं,
कोई अनुभव नहीं।
कोई उच्च अवस्था नहीं।
यह वही है जिसे,
पिछले सूत्र में हृदयम कहा गया था।

जब चेतना,
स्वयं को शरीर नहीं मानती,
साक्षी भी नहीं मानती,
स्वयं को किसी भूमिका में नहीं बैठाती,
बस अपने स्वप्रकाश स्वरूप में
ठहर जाती है।।

वहीं है– शुद्धतत्त्वसन्धान।

इस सूत्र का निर्णायक अर्थ है,
जिस क्षण चेतना,
अपने शुद्ध स्वरूप में स्थित होती है,

उसी क्षण “पशु होने की सम्भावना”
समाप्त हो जाती है"।
यह मुक्ति पाना नहीं,
बंधन का  टूटना नहीं।
बंधन की जड़ का ही असम्भव हो जाना है।।

यहाँ कोई अभ्यास नहीं,
कोई क्रम नहीं,
कोई सुधार नहीं।।

यदि कोई समझे कि, “मैं अब पशु नहीं रहा”, तो वह अभी भी पशु है।
क्योंकि
अपशुशक्ति में,
यह जानने वाला भी नहीं बचता।।

अपशु होना कोई अवस्था नहीं,
पशु होने की असम्भावना है।।

जब हमें पता है कि,
देह और जगत सभी, दृश्य हैं, और उसका स्रोत है हृदयम्,
तो शुद्ध तत्व से जुड़ाव से उस स्रोत से गिरने की शक्ति भी,
नहीं बचती।।

यह स्थायित्व नहीं है,
यह स्वातन्त्र्य है।।

अपशुशक्ति कोई दैविक शक्ति नहीं जो मिलती है, यह

पशु-भाव की जड़ का लोप है।
और वह लोप,
किसी प्रयास से नहीं, बल्कि शुद्धतत्व में स्थित होने से होता है।
शिवत्व से जुड़ने में होता है।।

# 17. सम्भोपाय सूत्र 17

शिव सूत्र के सम्भोपाय भाग का सत्रहवां सूत्रः
"वितर्क आत्मज्ञानम्" है।

यह सूत्र प्रथम दृष्ट्या भ्रमित करता है।।

वितर्क सामान्यतः साधना में
त्याज्य हैं, पर
वही वितर्क यहां, आत्मज्ञान है।।

यहीं से
कश्मीर शैव दर्शन
सामान्य आध्यात्मिक भाषा से
पूरी तरह अलग हो जाता है।।

वितर्क यहाँ विपरीत तर्क, कुतर्क नहीं है।
विचारों की बहस नहीं है।
मन की उथल-पुथल नहीं है।
वितर्क का अभिप्राय इस सूत्र में, सूक्ष्म भेद-बोध का है।।
तीक्ष्ण जागरूकता का है जो,
असत्य को,
असत्य की तरह ही देख लेती है।।

यह वितर्क
मन का खेल नहीं,

चेतना की स्पष्टता है।।

जब शुद्धतत्त्व में
पशुता की सम्भावना शान्त होती है,
तब चेतना
मूढ़ नहीं हो जाती,
वह विचार-शून्य नहीं बनती,
इसके विपरीत,
उसकी बुद्धि,
पहली बार पूर्ण रूप से जागती है।।

अब विचार उठते हैं,पर वे
बाँधते नहीं।
अब भेद दिखते हैं,पर वे
विभाजित नहीं करते।
अब संसार अस्पष्ट नहीं रहता,
परम सत्य का
प्रतिद्वन्द्वी भी नहीं बनता।।
यही है वितर्क।।

यह वह क्षमता है जिससे
चेतना देख लेती है, कि यह देह दृश्य है,
पर असत्य नहीं।
यह मन
चलायमान है,पर बाधा नहीं।
यह जगत
बहुरूप है, पर शिव से बाहर नहीं।

और यह देखना
ही आत्मज्ञान है।।

आत्मज्ञान का अर्थ
यह नहीं कि “मैं ब्रह्म हूँ” का भाव
मन में बैठ जाए।।

आत्मज्ञान का अर्थ है–
अब कोई भी पहचान अन्तिम नहीं।।
देह की पहचान ढह जाती है,
साक्षी की पहचान
भी पारदर्शी हो जाती है,
यहाँ तक कि
“मैं शिव हूँ” का भाव भी
गर जकड़ने लगे,तो वितर्क उसे भी
काट देता है।
क्योंकि वितर्क
सत्य को नहीं पकड़ता,
असत्य को छोड़ देता है।।

और जब
असत्य को छोड़ने की शक्ति
स्थिर हो जाती है,
तब जो शेष रहता है, वही है,
आत्मज्ञान।।

यह आत्मज्ञान

कोई अवस्था नहीं,
क्योंकि अवस्थाएँ आती-जाती हैं।
यह कोई अनुभव नहीं,
क्योंकि अनुभव देखे जाते हैं।
यह कोई विशेष शान्ति नहीं,
क्योंकि शान्ति भी
एक गुण है।
यह केवल एक स्पष्टता है।।

जो कुछ भी आ-जा सकता है,
वह मैं नहीं हूँ।।
और जो कभी कहीं गया ही नहीं,
उसे जानने की आवश्यकता भी नहीं।।

वितर्क आत्मज्ञानम्,
में,
न विचार को छोड़ा जाता है,
न विचार को पकड़ा जाता है।
विचार
चेतना के भीतर उठते हैं,
और चेतना विचार से सर्वदा बड़ी रहती है।।

अब बुद्धि
बंधन नहीं बनती।
वह शिव की लीला बन जाती है।

यही,

इस सूत्र का संकेत है।
जब चेतना
इतनी स्पष्ट हो जाए, कि वह
असत्य में टिक ही न सके,
तब उसे
कुछ जानने की ज़रूरत नहीं पड़ती।।
वह
स्वयं को भूल नहीं सकती।
यही
वितर्क आत्मज्ञानम् है।।।

# 18. सम्भोपाय सूत्र 18

शिव सूत्र के सम्भोपाय भाग का अठारहवां सूत्र
लोकानन्दः समाधिसुखम् –
समाधि की परिभाषा का पूर्ण
उलटाव है।।

अब तक मन मानता था कि समाधि
कहीं भीतर होती है,
गहन मौन में,
इन्द्रियों के विराम में,
संसार से दूर।।
लेकिन यह शिवसूत्र कह देता है कि,
लोक ही आनन्द है,
और वही समाधि का सुख है।।

यह कोई काव्यात्मक सांत्वना नहीं,
दृष्टि का क्रान्तिकारी परिवर्तन है।
यह सूत्र
सम्भोपाय के उस क्षण पर आता है
जहाँ अब कुछ बचा ही नहीं
जिससे भागा जाए।।

जब देह दृश्य बन चुकी है,
जब हृदय स्पष्ट हो चुका है,
जब पशुता की सम्भावना

असम्भव हो चुकी है,
और जब वितर्क
असत्य को काट चुका है।
तब संसार
पहली बार
बोझ नहीं रह जाता।।

लोक,
जो अब तक
बंधन लगता था,
शोर लगता था,
भ्रम लगता था,
अब वही,
आनन्द का विस्तार बन जाता है।
यहाँ "लोक"
केवल बाहरी संसार नहीं है।।

चलती हुई देह,
उठता हुआ विचार,
घटती हुई क्रिया,
बोलता हुआ जीवन,
सब कुछ,
जो प्रकट हो रहा है,
लोक है।।

"आनन्द" यहाँ सुख नहीं है।
किसी अनुभव की ऊँचाई नहीं,

किसी रसानुभूति का शिखर नहीं।
स्वाभाविक प्रसन्नता है,
जो तब रहती है, जब कुछ भी
रोका नहीं जा रहा।।

जब चेतना,
अपने ही प्रवाह से लड़ना,
बन्द कर देती है।
तब संसार समस्या नहीं रहता।
तब भीड़ में चलना,
काम करना,
संघर्ष करना,
यहाँ तक कि पीड़ा भी,
समाधि से बाहर नहीं होती।।
क्योंकि अब
समाधि कोई अवस्था नहीं,
दृष्टि बन चुकी है।।

यहाँ सुख
इसलिए नहीं है
कि सब कुछ अच्छा है।
यहाँ सुख
इसलिए है कि कुछ भी
शिव से बाहर नहीं।।

जब यह स्पष्ट हो जाता है कि,
जो घट रहा है,

वह मेरे विरुद्ध नहीं, मेरे भीतर ही
घट रहा है, तब
विरोध समाप्त।।

जहाँ विरोध नहीं,
वहाँ आनन्द स्वतः उपस्थित रहता है।।

यही कारण है कि शिवसूत्र
यह नहीं कहता—
“समाधि से लोक में आनन्द आता है।”
वह कहता है—
लोक ही समाधि का सुख है।।

अब समाधि
आँख बन्द करने से नहीं आती।
आँख खोलने से भी
नहीं जाती।।

वह बाज़ार में भी है,
एकान्त में भी।
क्योंकि वह
चेतना की स्वीकृति बन चुकी है।।

यह सूत्र
जीवन-विरोधी साधना का
अन्तिम खण्डन है।

यदि शिव सर्वत्र है,
तो संसार
उससे अलग कैसे हो सकता है?
यदि चेतना
अपने ही विस्तार से
आनन्दित नहीं हो सकती,
तो मुक्ति
किस काम की?
इसलिए
लोकानन्दः समाधिसुखम्
का अर्थ है–
समाधि अब
जीवन से पलायन नहीं।
समाधि अब
जीवन का पूर्ण आलिंगन है।।
वह आलिंगन है,इसलिए नहीं कि
कुछ पाया गया, बल्कि इसलिए कि
कुछ भी छोड़ा नहीं गया।।

यही
सम्भोपाय की
अन्तिम मुस्कान है–
जहाँ शिव
ध्यान में नहीं,
जीवन में मुस्कुरा रहा है।।

# 19. सम्भोपाय सूत्र 19

शिव सूत्र के सम्भोपाय भाग का उन्नीसवां सूत्र है,
शक्तिसन्धाने शरीरुत्पत्तिः।

यह सूत्र शरीर की उत्पत्ति नहीं बताता,
शरीर की भ्रान्ति को उलट देता है।
सामान्य मान्यता है कि पहले शरीर है,
फिर चेतना आती है,
फिर साधना होती है।
पर शिवसूत्र पूरे क्रम को
उलट देता है।
यह कहता है–
जब चेतना
शक्ति में स्थित होती है,तभी
शरीर प्रकट होता है।
यह कोई जैविक जन्म नहीं,
कोई गर्भ-विज्ञान नहीं।
यह अनुभव का जन्म है।।

अब तक की यात्रा को
एक क्षण के लिए स्मरण करें–
शरीर दृश्य बन चुका है
हृदय स्पष्ट हो चुका है
पशुता असम्भव हो चुकी है
वितर्क असत्य को काट चुका है

लोक स्वयं समाधि बन चुका है।

प्रश्न उठता है—
यदि सब कुछ शिव है,
तो यह शरीर बार-बार क्यों उभरता है?
उत्तर है—शक्ति।
शक्ति यहाँ
कोई देवी नहीं,
कोई अतिरिक्त तत्त्व नहीं।
शक्ति
चेतना की वह सामर्थ्य है जिससे
वह स्वयं को
प्रकट कर सकती है।।

शिव स्थिर है,
शक्ति स्पन्दित है।।

जब चेतना
अपनी स्पन्दनात्मक क्षमता में
स्थित होती है, तभी
शरीर उठता है।।

यह शरीर
बंधन नहीं है।
यह शरीर पतन नहीं है।
यह शरीर
चेतना की त्रुटि नहीं।

यह शरीर
चेतना की अभिव्यक्ति है।।

यही कारण है कि सूत्र कहता है–
शक्तिसन्धाने,
शक्ति में स्थित होने पर,
शरीर-उत्पत्ति होती है।

यह "उत्पत्ति"
एक बार नहीं होती।
हर क्षण होती है।
हर बार जब–
अनुभव उठता है
क्रिया घटती है
संवेदना प्रकट होती है
उसी क्षण
शरीर फिर-फिर
जन्म लेता है।
इसलिए कश्मीर शैव दर्शन में
शरीर कोई स्थिर वस्तु नहीं।
शरीर
घटना है।
शक्ति का
निरन्तर अवतरण।
अब इस सूत्र का
सबसे गूढ़ अर्थ–
जब साधक

शक्ति से कट जाता है,
तो शरीर
भार बन जाता है।
दर्द बन जाता है।
सीमा बन जाता है।
पर जब चेतना
शक्ति में स्थित होती है,
तो वही शरीर–
साधना बन जाता है
अभिव्यक्ति बन जाता है
शिव का नृत्य बन जाता है
अब शरीर
रोक नहीं,
मार्ग बन जाता है।
यही कारण है कि
कश्मीर शैव दर्शन
शरीर को नकारता नहीं।
वह पूछता है–
क्या तुम शरीर में गिर गए हो,
या शक्ति में स्थित होकर
शरीर को धारण कर रहे हो?

दोनों में
केवल दृष्टि का अंतर है।।

इस सूत्र में
एक गुप्त संकेत भी है–

यदि कोई साधक
शक्ति से डरता है,
क्रिया से भागता है,
अनुभव से बचता है—
तो वह अभी
शिव को अधूरा समझ रहा है।।

क्योंकि शिव
शक्ति के बिना
पूर्ण नहीं।
इसलिए
शक्तिसन्धाने शरीरुत्पत्तिः
का अन्तिम बोध यह है—
शरीर
समस्या नहीं है।
शरीर
उत्तर है।
उत्तर इस प्रश्न का—
शिव स्वयं को
कैसे जीता है?
वह स्वयं को
शक्ति के रूप में
स्पन्दित करता है,
और शरीर के रूप में
अनुभव करता है।
यही कारण है कि
सम्भोपाय के अन्त में

शिवसूत्र
शरीर को
फिर लौटा लाता है—
पर अब
अज्ञान के रूप में नहीं,
उत्सव के रूप में।
अब शरीर
पशु का कारागार नहीं,
शिव की रंगभूमि है।
और उसी रंगभूमि पर
शक्ति नृत्य करती है,
और चेतना
अपने ही नृत्य को
मुस्कुराकर
देखती है।
यही
शक्तिसन्धाने शरीरुत्पत्तिः है।

# 20. सम्भोपाय सूत्र 20

"भूतसन्धान भूतप्रथक्त्व विश्वासङ्घट्ट"
शिव सूत्र के सम्भोपाय भाग का
बीसवां सूत्र है।।

इसका शाब्दिक अर्थ है,
"जगत का अनुभव
प्रकट तत्त्वों के आपसी जुड़ाव,
उनकी भिन्नता,
और उनके परस्पर टकराव से बनता है।"

भूत ,
पंचमहाभूत नहीं मात्र,बल्कि
सभी प्रकट तत्व,
सभी अनुभूत रूप है।

सन्धान ,
सिर्फ जोड़ना नहीं, एक-दृष्टि में , एक साथ
देख लेना है।

भूत-प्रथक्त्व –
भिन्न-भिन्न दिखाई देने वाला संसार।

विश्वासङ्घट्टः –
विश्व का आपस में टकराता, जुड़ता, चलता हुआ खेल।

भूत–
जो दिखाई देता है,
जो घटित होता है,
जो अनुभव में आता है।
आकाश, वायु, अग्नि, जल, पृथ्वी ही नहीं–
विचार भी भूत हैं,
भावनाएँ भी भूत हैं,
घटनाएँ भी भूत हैं,
पूरा यह बहता हुआ संसार
भूतों का ही नृत्य है।
और मनुष्य की आदत रही है–
इन भूतों को अलग-अलग पकड़ने की।।

यह मैं हूँ,
वह दूसरा है।
यह सुख है,
वह दुःख है।
यह मेरा है,
वह पराया है।।

इसी अलगाव में
संसार भारी बनता है।।

शिवसूत्र यहाँ
अलगाव को तोड़ता नहीं,
एक नई दृष्टि देता है।।

भूतसन्धान,
भूतों को जोड़ना नहीं,
भूतों को मिटाना नहीं,
बल्कि उन्हें
एक साथ देख लेना है।।

जब चेतना
शक्ति के प्रसार और संहार,
दोनों को जान चुकी होती है,
तब संसार
खंडों में नहीं दिखता।
भिन्नता रहती है,
पर विभाजन नहीं।
फूल फूल ही रहता है,
पत्थर पत्थर ही रहता है,
मनुष्य मनुष्य ही रहता है,
पर उनके बीच
अब कोई कठोर दीवार नहीं होती।
यही है
भूतप्रथक्त्व का ढह जाना।।

प्रथकत्व समाप्त नहीं होता,
उसका दावा
समाप्त हो जाता है।।

अब भूत

अपने-अपने स्थान पर रहते हुए भी
अलग नहीं लगते।
और तब
जो संसार
संघर्ष लगता था,
टकराव लगता था,
अराजक लगता था,
वही प्रकट होता है
विश्वासङ्घट्ट के रूप में।।

टकराव अब शत्रुता नहीं,
स्पन्दन बन जाता है।
घटना घटना से टकराती है,
परपर तोड़ती नहीं, नई लय रचती है।
जैसे तरंग
तरंग से भिड़कर
समुद्र को गति देती है।।

यह संसार अब
किसी के विरुद्ध नहीं।
यह चेतना का
आपस में खेलता हुआ
स्वरूप है।।

अब साधक
संसार से भागता नहीं,
और न उसे सुधारने निकलता है।।

वह जानता है,
जो टकरा रहा है, वही खेल रहा है।
जो अलग दिख रहा है,वही
भीतर से जुड़ा है।।

यही कारण है
कि यहाँ
न शान्ति को पकड़ा जाता है,
न अशान्ति से डर लगता है।
दोनों
उसी चेतना के
भिन्न-भिन्न स्पर्श हैं।।

भूतसन्धान भूतप्रथक्त्व विश्वासङ्घट्टः
का अन्तिम बोध यही है—
संसार टूटता है तब, जब हम उसे
अलग-अलग पकड़ते हैं।
जब हम
उसे एक साथ अनुभूत करते हैं, तब
संसार अपने सत्य में
निखरता है।।

यह न एकता का उपदेश है,
न द्वैत का निषेध।।
यह केवल संकेत है,
कि जो अनेक दिख रहा है,

वह अकेला नहीं है।
और जो एक है,
वह मौन नहीं बैठा,
जगत बनकर खेल रहा है।।

यही
सम्भोपाय का
अन्तिम गीत है–
जहाँ भेद रहता है,पर भय नहीं।
जहाँ संसार चलता है,पर बन्धन नहीं।
जहाँ शिव
सृष्टि से बाहर नहीं,
सृष्टि के बीच मुस्कुराता हुआ उपस्थित
रहता है।।

# 21. सम्भोपाय सूत्र 21

शिव सूत्र के सम्भोपाय भाग का इक्कीसवां सूत्र,
शुद्धविद्योदय चक्रेशत्वसिद्धिः
सत्ता की नहीं,
स्वामित्व की भी नहीं,
केन्द्र के उदय की घोषणा है।।

अब तक साधक
मौन में ठहरा,
शक्ति में उतरा,
संसार को समाधि के रूप में जीया,
मन को मन्त्र की तरह सुनने लगा है।।

प्रश्न उठता है–
यदि सब कुछ घट रहा है,
यदि विचार भी मार्ग बन गए हैं,
तो नेतृत्व कौन कर रहा है?
केन्द्र कहाँ है?
यह सूत्र उस प्रश्न का उत्तर है।।

शुद्धविद्या –
कोई जानकारी नहीं है,
शास्त्रों का ज्ञान नहीं है,
तर्क का परिष्कार नहीं है।
शुद्धविद्या

वह स्पष्टता है जहाँ,
जानने वाला सीमित नहीं रहता,
ज्ञेय वस्तु भारी नहीं रहती,
जानने की प्रक्रिया
स्वयं को आच्छादित नहीं करती।
यह वह प्रकाश है
जिसमें संसार
बिना धुँध के दिखाई देता है।।

शुद्धविद्या का उदय,
किसी अभ्यास से नहीं,
कोई प्रयत्न से नहीं,
बल्कि,
झूठी पहचानों के शिथिल पड़ने से होता है।।

चक्र—
घटनाओं का घूमता हुआ संसार,
विचारों का आवर्तन,
कर्मों की गति,
जीवन का निरन्तर बहाव।।

ईश—
न शासक,
न नियंत्रक,
न आदेश देने वाला।
ईश वह है
जो चक्र के भीतर रहते हुए भी

चक्र से हिलता नहीं।
जैसे पहिये की धुरी,
घूमती नहीं,
पर पूरा घूमना
उसी पर सम्भव होता है।।

शुद्धविद्या के उदय पर
चेतना वही धुरी बन जाती है।

चक्रेश
वह नहीं जो चक्र को रोके,
वह है
जो चक्र के भीतर रहते हुए
चक्र से बँधता नहीं।।

शुद्धविद्या के उदय में साधक,
जीवनचक्र में
फँसता नहीं,
उसका केन्द्र बन जाता है।।

घटनाएँ घटती हैं,
पर बहा नहीं ले जातीं।
निर्णय होते हैं,
पर भ्रम नहीं रचते।
शक्ति चलती है,
पर विस्मृति नहीं लाती।।

चक्रेशत्वसिद्धि
कोई अलौकिक अधिकार नहीं।
कोई योगिक शक्ति नहीं जिससे
संसार जीता जाए।।

यह
इतना-सा सत्य है कि,
चेतना अब अपनी ही गति से
गिरती नहीं।।

अब वह जानती है
कि कहाँ ठहरना है,
और कहाँ बहना है।
यह सूत्र
अहंकार को ताज नहीं पहनाता।।

चक्रेशत्व
घोषणा नहीं है,
स्वाभाविक स्थिति है।
अगर कोई कहे कि,
"मैं चक्रेश हूँ"
तो तय है कि वह अभी चक्र में ही फँसा है।
जैसे धुरी
अपने घूमने का दावा नहीं करती,
वैसे ही
यह केन्द्र
अपनी सत्ता नहीं जताता।।

इसलिए
शुद्धविद्योदय चक्रेशत्वसिद्धिः
का बोध यह है कि,
जब शुद्ध दृष्टि जागती है, तो
जीवन अव्यवस्थित नहीं रहता।।
जीवन
अपने ही केन्द्र में
स्थिर दिखने लगता है।

तब साधक
न तो संसार का शासक बनता है,
और न संसार
उसके विरुद्ध रहता है।।

वह चलता है,
पर बहता नहीं।
वह कार्य करता है,
पर उलझता नहीं।
वह जीता है,
पर खोता नहीं।
यही
शाक्तोपाय का
परिपक्व क्षण है।।

चेतना
न त्याग में है, न भोग में,

बल्कि
स्पष्टता के केन्द्र में,
शान्त रूप से,
स्थित है।
यही स्थिति
चक्रेशत्वसिद्धि कहलाती है।।

# 22. सम्भोपाय सूत्र 22

महाह्रदयानुसन्धानान्मन्त्रवीर्यानुभवः शिव सूत्र के
सम्भोपाय भाग का 22 वां और
अंतिम सूत्र है।।

महाह्रदय –
कोई भावनात्मक हृदय नहीं,
कोई सूक्ष्म केन्द्र नहीं,
कोई ध्यान-स्थल नहीं।
महाह्रदय
वह विराट मौन है
जहाँ से
सब कुछ उठता है
और जहाँ
कुछ भी बाहर नहीं रहता।
यह वही हृदय है
जिसे पहले
सिर्फ़ हृदयम् कहा गया था–
अब वही
अपने महान् रूप में
स्पष्ट हो रहा है।
क्योंकि अब
चेतना केवल
अपने स्रोत में ठहरी नहीं है,
अब वह

अपने स्रोत को जी रही है।।

अनुसन्धान –
खोजना नहीं,
टटोलना नहीं,
पीछा करना नहीं।
अनुसन्धान का अर्थ है–
लगातार उसी में टिके रहना
जहाँ से टिकने वाला भी
उठता है।।
शिवसूत्र में अनुसन्धान का अर्थ है–
"जो पहले से उपस्थित है,
उससे अलग न होना।"
न खोज।
न प्रयास।
केवल अविच्छिन्न उपस्थिति।
जिस स्रोत से अनुभव उठ रहा है,
उससे गिर न जाना।
अर्थात्–
विचार उठे पर स्रोत न भूले
शब्द उठे पर हृदय न छोड़े
क्रिया हो पर केन्द्र न हिले
यह स्मरण नहीं,
यह विस्मरण की असम्भावना है।

यह कोई अभ्यास नहीं,
कोई ध्यान-विधि नहीं,

सहज स्थिति है।
जहाँ चेतना
बार-बार बाहर नहीं गिरती।।

मन्त्र
यहाँ न जप है,
न शब्दों की माला,
न उच्चारण की शुद्धि।
मन्त्र वह है
जो चेतना को,
उसी की ओर लौटा दे।

वीर्य,
शक्ति नहीं,
उत्तेजना नहीं,
प्रभाव नहीं।
वीर्य का अर्थ है–
कार्य करने की अन्तःसामर्थ्य।।

अब सूत्र
एक अत्यन्त सूक्ष्म रहस्य खोलता है–
जब चेतना
महाहृदय में स्थिर रहती है,
तब मन्त्र
कुछ करता नहीं,
मन्त्र

स्वयं में समर्थ हो जाता है।
शब्द
ऊर्जा खींचते नहीं,
ऊर्जा बन जाते हैं।
उच्चारण
ध्वनि नहीं,
स्पन्दन बन जाता है।
यह स्पन्दन
कहीं बाहर नहीं जाता,
उसी हृदय में गूँजता है
जहाँ से उठा है।।

इसलिए सूत्र कहता है,
मन्त्रवीर्यानुभवः।

अनुभव–
कोई दृश्य नहीं,
कोई रस नहीं,
कोई चमत्कार नहीं।
यह वह निश्चय है
जो बिना सोचे स्थिर हो जाता है।
जान जाता है कि शब्द अब,
मुझसे अलग नहीं।
ध्वनि अब मेरा साधन नहीं।
कि मन्त्र
किसी देवता को पुकार नहीं रहा।
वह,

चेतना के भीतर,
चेतना को,
जगा रहा है।।

यहाँ मन्त्र
सिद्ध नहीं किया जाता।
यहाँ मन्त्र
जीया जाता है।।

अब
मन्त्र में बल है।
इसलिए नहीं कि उसे
बार-बार दोहराया गया,
बल्कि इसलिए कि
उसे
महाहृदय से
अलग नहीं किया गया।।

अब शब्द
बंधन नहीं बनाते।
अब नाम
रूप को ढँकते नहीं।
अब ध्वनि
मन को बाहर नहीं ले जाती।
क्योंकि
महाहृदय में
कुछ भी बाहर नहीं।।

इस सूत्र का बोध यह है कि,
मन्त्र तब तक
केवल शब्द है
जब तक हृदय छोटा है।
जब हृदय
महाह्रदय हो जाता है,
तब शब्द
स्वयं शक्ति बन जाता है।।

यह शक्ति
दिखाई नहीं देती,
पर वह
जीवन को स्पष्टता देती है।
यह शक्ति
चमत्कार नहीं रचती,
पर वह
भ्रम को ठहरने नहीं देती।।

यही
महाह्रदयानुसन्धानान्मन्त्रवीर्यानुभवः है।
जहाँ हृदय असीम और मन्त्र
अन्ततः
घर लौट आता है।।

अब साधना
कुछ करने का नाम नहीं।

जो कुछ भी
कहा जा रहा है,
सोचा जा रहा है,
जिया जा रहा है–
वह सब
उसी एक
मौन, विराट हृदय में
गूँज रहा है।।

वही गूँज
मन्त्र का
सच्चा वीर्य है।।

# 23. शक्तोपाय सूत्र

शिव सूत्र का दूसरा भाग है शक्तोपाय।
दस सूत्रों का संकलन।

शक्तोपाय,
शक्ति के स्पंदन से शिव तक,
"मैं शिव हीं हूं" की अनुभूति का
उपाय है।।

शक्तोपाय
न तो केवल साधना का विधान है,
न ही किसी रहस्यात्मक
ऊर्जा–विज्ञान का प्रदर्शन।
यह उस चेतना का
आत्मकथ्य है जो,
स्वयं को स्पन्दन के रूप में
अनुभव कर रहा होता है।।

यदि सम्भोपाय
शुद्ध प्रकाश का अचानक उद्घाटन है,
और आणवोपाय
शरीर–प्राण–कर्म के माध्यम से
धीरे–धीरे ऊपर उठना,
तो
शक्तोपाय,

इन दोनों के बीच बहती हुई नदी है।
जहाँ चेतना
अपने ही प्रवाह में
स्वयं को पहचानती है।।

शक्तोपाय का मूल प्रश्न
यह नहीं है कि,
“मैं शिव तक कैसे पहुँचूँ?”
बल्कि यह है–
“जो अभी चल रहा है,
जो अभी स्पन्दित है,
क्या वह शिव नहीं है?”

पहला सूत्र,
चित्तं मन्त्रः, अर्थात,
जाग्रत मन हीं
मंत्र है।
शक्तोपाय का बीज है।।

चित्त ही मन्त्र है,
यह वाक्य,
सारी साधना प्रणाली उलटाता है।।

मन्त्र कोई ध्वनि नहीं,
कोई शब्द नहीं,
जिसे,
भीतर लाई जाए।।

मन्त्र
वह स्पन्दित अवस्था है, जिसमें
चित्त स्वयं को
एकाग्र, जीवित और सजग
अनुभूत करता है।
मंत्र मन को
मन की ओर ले आता है।।

चित्त जब बिखरा हो,
जब भूत या भविष्य ही केवल दिखता हो, तब
मन्त्र,
ध्वनि मात्र रह जाता है।।
लेकिन,
जब चित्त,
स्वरूप चेतना में लिप्त हो, तो वह,
उच्चारित हुए बिना ही,
मन्त्र बन जाता है।।

शक्ति यहां,
विचार में प्रकट होती है, पर
विचार बाधा नहीं, शिवत्व का द्वार है।
शक्ति का विस्तार है।।

मन शत्रु नहीं,
सहयोगी है।
इसे तोड़ो नहीं,

इससे जुड़ो।
सचेत रहो।।

चित्त की गति,
इसकी स्पंदित शक्ति को पहचानो।
जानो,
कि चित्त को जब लगता है कि,
'कोई देख रहा है',
तब इसके, मन के, भटकाव का
त्रय होता है।।
मन मंत्र हो जाता है।।

शक्तोपाय का दूसरा सूत्र,
"प्रयत्नः साधकः"
कहता है,
प्रयत्न ही साधक है,
प्रयत्न ही साधता है।।

सर्वविदित है
मन आदतों से बँधा है।
मुक्ति के लिए,
लय चाहिए, दिशा चाहिए।
प्रयत्न वही दिशा देता है।।
लेकिन,
बलपूर्वक नहीं, जागृतिपूर्वक।।
इसमें,
बल का प्रयोग नहीं,

चित्त की सचेतनता होता है।।

यह सजगता हमें,
नींद में गिरने नहीं देती।।
यही सजगता, सतत जाग्रत अवस्था
साधक है।।

प्रयत्न,
वही साधक है जो,
"मैं कुछ बनूंगा",
के अहंकार से प्रभावित न हो;
बल्कि,
"मैं उपस्थित हूं,"
"मैं देख रहा हूं",
जैसी स्पष्टता में आश्रित हो।।

जब मन भागे तो, प्रयत्न,
भागते मन को टोके नहीं,
सिर्फ देखे।।
आलस्य आए तो
उसे रोके नहीं,
उसे भी सिर्फ देखे।।

कोई जोर नहीं,
कोई खिंचाव नहीं।।

प्रयत्न ,

एक कोमल निरंतर उपस्थिति हो।।

यह प्रयत्न,
पर्वत हिलाने का कठोर श्रम नहीं,
कुछ करने का भ्रम भी नहीं,
सिर्फ
जागते रहने का है।।

यह संघर्ष नहीं,
मात्र जागरूकता है।
जो हमें
अपने आप में अवस्थित कराता है,
अपने मूल स्वरूप,
शिवत्व से परिचित कराता है,
हमें साधक बनाता है।।

जहाँ चेतना अनुभव में
जागी रहती है,
वहीं साधक उपस्थित होता है।।

तीसरा सूत्र
"विद्याशरीरसत्ता मन्त्ररहस्यम्",
ज्ञान को
सैद्धान्तिक क्षेत्र से उठाकर
देह में उतार देता है।।

समझ केवल मस्तिष्क में नहीं रहती,

वह श्वास में उतरती है,
नाड़ी में बहती है,
मांसपेशियों में मचलती है।।

सच्चा मंत्र,
कोई शब्द नहीं,
शरीर में उतरी हुई
विद्या है।।

विद्या जबतक विचार है,
बोझ है,
लेकिन जब वह सांस में,
चलने फिरने में,
उतर जाए,
तभी वह विद्या है।।

यह,
सूचना, जानकारी मात्र नहीं,
जीवित समझ है।।

व्यवहार में उतरा हुआ सत्य, मंत्र है, और
शरीर में अंगीकृत विद्या ही,
मन्त्र का रहस्य खोल पाता है।।

इसलिए साधना,
मंत्र को मात्र दोहराना नहीं, स्वयं
मंत्र बन जाना है।।

चौथा सूत्र "
गर्भे चित्तविकासो विशिष्टविद्यास्वप्नः"
कहता है कि,
चित्त जब भीतर पकता है,
गर्भ में विकसित होता है, तभी
विद्या,
स्वप्न की तरह
प्रकट होता है।।

यह मार्ग,
अंतर्ज्ञान का है,
सहजबोध का है।।

साधना जब गहराती है, तब
एक नया गर्भ,
अंतर्मन का गर्भ,
बनता है।
जिसमें,
पुराना मन,
धीरे धीरे नए बोध को
जन्म देता है।

ज्ञान
उभरता है, स्वप्न की तरह,
संकेतों में,
चित्रों में,

अन्तर्दृष्टियों में।।

स्वप्न तब,
अव्यवस्थित नहीं रहते,
वे बदलने लगते हैं।
प्रतीक बन जाते हैं,
सहज बोध का।।

यहाँ शक्ति
कल्पना बन जाती है।
पर अब स्वप्न में की कल्पना,
भ्रम नहीं,
चेतना की भाषा है,
जो शब्दों से पहले उभर आती है।।

पांचवां सूत्र,
"विद्यायामुत्थाने स्वाभाविके खेचरी शिवावस्था",
कहता है कि,
जब विद्या
किसी प्रयत्न से नहीं,
स्वाभाविक रूप से उठती है,
तब चित्त
खेचरी बन जाता है।
मन आकाश में चलने लग जाता है।।

खेचरी का अर्थ

कोई यौगिक करतब,
शारीरिक मुद्रा नहीं।।

यह मन की
वह अवस्था है, जहां
विचार आते हैं पर
चिपकते नहीं,
सीमाओं में बंधते नहीं।।

यहाँ चेतना
उड़ती नहीं,
बस रुकना छोड़ देती है।
यही शिवावस्था है।।

शिवावस्था,
चेतना की जागरूकता है।
कोई विशेष अनुभव नहीं,
अनुभवों में
अनासक्ति की सहज अवस्था है।।

छठा सूत्र,
"गुरुरुपायः"
स्वीकार करता है कि,
कुछ अवस्थाएँ
संक्रमण से खुलती हैं।
वहीं संक्रमण गुरु है।।

गुरु यहाँ
व्यक्ति नहीं,
जाग्रत चेतना की उपस्थिति है।
यह कभी व्यक्ति हो सकता है,
कभी शब्द या
कभी जीवन की चोट।।

एक वाक्य,
एक दृष्टि,
एक मौन से संक्रमण,
और चित्त
अपनी ही गहराई में लौट आता है।।

वह,
व्यक्ति,
शब्द या
घटना का
स्पंदन, ऊर्जा, शक्ति
सभी,
गुरु हैं, जो हमें,
चेतना की जागरूकता का
पाठ पढ़ाते हैं।।

सातवां सूत्र
"मात्रिकाचक्रसम्बोधः"
भाषा की जड़ पकड़ता है।।

अक्षर, वर्ण, ध्वनि,
यह सब,
संचार के सिर्फ़ साधन नहीं,
चेतना की सूक्ष्म शक्तियाँ हैं।।

साधक जब,
मात्रिकाचक्र को समझता है,
तभी जान लेता है कि,भाषा,
जिसमें वह सोचता है,
उसकी दुनिया बनाती है।।

यह सूत्र
विचार–ढांचा (thought pattern) की साधना है।।

मातृकाचक्र के जागरण से
अक्षर अब, जाल नहीं बुनते,
सेतु बनाते हैं।
हमें,
भाषा के पार,
सनातन मौन की ओर लाते हैं।
चेतना ही हमारा मिल स्वरूप है, की
याद दिलाते हैं।।

आठवां सूत्र " शरीरं हविः"
शरीर को बाधा नहीं,
आहुति मानता है।
शरीर को यज्ञ बनाता है।।

साधना,
शरीर को दबाना,
संकुचित करना नहीं, अपितु
चेतना में अर्पित करना होता है।।

थकान, सुख, पीड़ा,
सबको,
यज्ञ में डालना हैं।
हर श्वास,
हर श्रम,
हर राग,
हर द्वेष,
सब अर्पण।।

शक्ति यहां,
वेदना समान,
संवेदना बन जाती है।।

नवां सूत्र
"ज्ञानमन्नम्",
ज्ञान को भोजन मानता है।

ज्ञान सूचना नहीं।
ज्ञान चेतना को पोषित करता है।।

जो ज्ञान

भय,
अहंकार,
मोह बढ़ाए,
वह भोजन नहीं,
विष है।।

जो ज्ञान स्पष्टता दे,
वही अन्न है।।

शक्तोपाय का दसवां और अंतिम सूत्र है,
"विद्यासंहारे तदुत्थस्वप्नदर्शनम्"
अति सूक्ष्म और भावगर्भित है।।

जब,
विद्या भी लय में जाती है,
साधना भी छूट जाती है,
तो शेष रहता है
केवल दर्शन।।

न जानने वाला,
न जाना जाने वाला।
केवल
स्वप्न की तरह
जीवित उपस्थिति।।

यह स्वप्न,
भ्रम नहीं,

अंतिम पारदर्शिता है।।

अब कुछ पकड़ना नहीं,
कुछ छोड़ना नहीं।।

यहीं शक्तोपाय
सम्भोपाय की दहलीज़ पर
चुप हो जाता है।

शक्तोपाय
चेतना को
उसकी ही गति में,
शक्ति में,
पहचानने का मार्ग है।

जो भी चल रहा है,
स्पंदित है,
और जागरूक है,
तो
वही शिव है।।

यह न ऊर्जा–साधना है,
न रहस्यवाद।
यह जीवित अनुभव में
जागरण है।
और जब यह जागरण
स्थिर हो जाता है,

तो शक्ति
शिव से अलग नहीं रहती।
हो शिव में लय परमशिव बन जाती है।।

यही शक्तोपाय है–
शक्ति के भीतर
शिव का घर।।

शक्तोपाय शक्ति का "उपयोग" नहीं,
शक्ति के साथ चेतना का मेल है।
यह न तो बल है,
न तकनीक,
न रहस्यवाद –
यह जीवित अनुभव में जागरूकता है।।

# 24. आणवोपाय - एक परिचय।

शिवसूत्र यथार्थवादी ग्रन्थ है।
पता है इसे, कि
हर साधक
स्वतः दृष्टिकोण बदल नहीं सकता,
धारणा पलट नहीं सकता,
सम्भोपाय कर नहीं सकता।
या फिर,
शक्ति की सूक्ष्म तरंगों को
तुरन्त पहचानकर,
शक्तिपाय कर सकता है।।

वह जानता है,
मनुष्य देह में रहते हैं,
श्वास में सोचते हैं,
अधिकांश
कर्म में अपनी पहचान खोजते हैं।
इसीलिए शिवसूत्र,
तीसरा उपाय
आणवोपाय
भी सुझाता है।
इसे वह न हीं तुच्छ मानता है,
न हीं निम्न मार्ग ।
इसे धरती का मार्ग मानता है।।

आणवोपाय
चेतना को आकाश से नहीं बुलाता,
उसे मिट्टी में खोजता है।।
यह मार्ग सबसे लंबा है,
45 सूत्रों में वर्णित।
क्योंकि यह,
सबसे यथार्थ मार्ग है।।

यह मनुष्य को
देह सहित स्वीकार करता है।
उसकी थकान सहित,
उसकी आदतों सहित।
यह कहता है,
तुम जहाँ हो,
वहीं से शिव तक पहुँचा जा सकता है।।

जब यात्रा होती है पूर्ण,
तो स्पष्ट होता है कि ,
कोई यात्रा थी ही नहीं।।

अणु
शिव बनने नहीं गया था।
शिव हीं अणु बन,
खेल रहा था।।

# 25. आणवोपाय सूत्र 1 से 7

सूत्र 1 से 7 है बंधन का विज्ञान।
आणवोपाय का आरम्भ
साधना से नहीं,
निदान से होता है।।

यह पहले स्पष्ट करता है–
बन्धन कहाँ है।
आत्मा स्वयं को चित्त मान लेती है।
ज्ञान बन्धन बन जाता है।
तत्त्वों का विवेक खो जाता है।
देह, नाड़ी, भूत–
सब अलग–अलग प्रतीत होने लगते हैं।
यहाँ शिवसूत्र
जीव को दोषी नहीं ठहराता।
वह कहता है–
यह स्थिति है, पाप नहीं।।

आणवोपाय
साधक को यह दिखाता है कि
वह अणु कैसे बना।।
इसकी स्पष्टता बगैर,
साधना मुक्त कैसे कर सकती है।।

सूत्र 1 : आत्मा चित्तम्।

का शाब्दिक अर्थ तो,
आत्मा चित्त है, लेकिन
गहन अर्थ में यह
आणवोपाय का प्रारम्भिक निदान है।।

यह सूत्र,
सिद्धान्त नहीं,
रोग की पहचान करता है।

आत्मा वास्तव में चित्त नहीं है,
पर अणु की दृष्टि में
आत्मा स्वयं को
चित्त समझती है।
यहीं से सीमित जीवन का बंधन आरम्भ होता है।।

आणवोपाय मान लेता है कि साधक
सीधे "मैं चेतना हूँ"
नहीं देख पा रहा।
इसलिए वह पहले दिखाता है–
तुम स्वयं को क्या मान रहे हो।।

सूत्र 2 : ज्ञानं बन्धः
शाब्दिक अर्थ में
ज्ञान ही बन्धन है, लेकिन
गहन अर्थ में यह
चौंकाने वाला सूत्र है।।

शिवसूत्र कहता है–
समस्या अज्ञान नहीं,
सीमित ज्ञान है।।

यह जानना कि,
“मैं जानता हूँ”,
बन्धन बन जाता है।।

ज्ञान जब पहचान बन जाए,
तो जंजीर हो जाता है।।

आणवोपाय
ज्ञान–विरोधी नहीं है,
वह ज्ञान–आसक्ति
को उजागर करता है।।

सूत्र 3 : "कलादीनां तत्त्वानामविवेको माया"
शाब्दिक अर्थ है,
तत्त्वों का अविवेक ही माया है। लेकिन, गहन अर्थ में,
यह दृष्टि दोष है।

जब साधक
कला, विद्या, राग, काल आदि को
अलग–अलग सत्ता मान लेता है,
तब वह माया में है।।

आणवोपाय कहता है–

मुक्ति पहले विवेक से आती है,
अनुभव बाद में।।

सूत्र 4 : शरीरे संहारः कलानाम्
शाब्दिक अर्थ है,
शरीर में शक्तियों का
संकोच हो जाता है।
गहन अर्थ है,
चेतना असीम है,
पर शरीर में प्रवेश करते ही
वह सीमित
लगने लगती है।।

यह सूत्र दिखाता है कि
देह स्वयं समस्या नहीं,
पर देह में पहचान
संकोच पैदा करती है।।

इसीलिए,
आणवोपाय शरीर को
साधना का क्षेत्र बनाता है।।

सूत्र 5 : "नाडीसंहारः भूतजयात् भूतकैवल्यम्"1
प्राण नाड़ियों के संकोच से तत्वों का प्रभुत्व बनता है।

यह सूत्र बताता है कि
प्राण असंतुलित हो

तो
चेतना तत्वों में
बँध जाती है।
आणवोपाय इसलिए
प्राण, श्वास और नाड़ी पर
काम करता है।

न सिद्धि के लिए,
बल्कि अधीनता से
मुक्ति के लिए।।

सूत्र 6 : मोहावरणात् सिद्धिः
मोह से भी सिद्धि हो सकती है।
लेकिन, गहन अर्थ चेतावनी है।।

हर सिद्धि मुक्ति नहीं होती।
यदि साधक
मोह में रहकर
शक्ति प्राप्त करता है,
तो वह और गहराई से बँध सकता है।।

आणवोपाय यहाँ
आत्मपरीक्षण सिखाता है।।

सूत्र 7 : मोहजयादनन्तभोगतः सहजविद्याजयः
शाब्दिक अर्थ
मोह के पार जाकर सहज विद्या मिलती है।

गहन अर्थ
आणवोपाय अनुभव से भागने को नहीं कहता।।

वह कहता है–
पूरा जीयो, पर अचेतन मत रहो।
जब मोह टूटता है,
तो विद्या स्वतः सहज हो जाती है।।

# 26. आणवोपाय सूत्र 8 से 14

आणवोपाय,
सूत्र 8 से 14 में,
जीवन को रंगमंच की तरह खोलता है।
जाग्रत एक भूमिका है।
स्वप्न दूसरी भूमिका है।
और आत्मा,
स्वयं नर्तक है।।

इन्द्रियाँ मूक दर्शक नहीं,
वे भी,
अभिनय करती हैं।।

आणवोपाय
हमें,
थोड़ा पीछे हटना सिखाता है,
स्थिति से दूरी बनाता है।

संपूर्णतया साक्षी
बनने के लिए नहीं, बल्कि यह
देख सकने के लिए,
भूमिका,
हर समय
बदल रहा है।।

यह दूरी
आणवोपाय का पहला प्रकाश है।।

सूत्र 8 : जाग्रद्वितीयकरः
शाब्दिक अर्थ
जाग्रत अवस्था स्वयं एक दूसरा उपकरण है, साधन है।
गहन अर्थ
आणवोपाय कहता है–
ध्यान केवल आँख बन्द करके नहीं होता।
जाग्रत अवस्था
सबसे बड़ा अभ्यास–क्षेत्र है।।

सूत्र 9 : नर्तक आत्मा
शाब्दिक अर्थ
आत्मा ही नर्तक है।
गहन अर्थ
साधक कोई स्थिर वस्तु नहीं।
वह भूमिका–दर–भूमिका बदलता है।
यह देख पाना
आणवोपाय की पहली स्वतंत्रता है।।

सूत्र 10 : रंगान्तरात्मा
शाब्दिक अर्थ,
एक ही आत्मा अनेक रंगों में प्रकट होती है।
गहन अर्थ
यह सूत्र करुणा सिखाता है–
अपने लिए भी,

दूसरों के लिए भी।।

जब यह दिखने लगता है कि
सब भूमिकाएँ हैं,
तो पकड़ ढीली पड़ती है।।

सूत्र 11 : प्रेक्षकाणीन्द्रियाणी
शाब्दिक अर्थ
इन्द्रियाँ स्वयं प्रेक्षक बन जाती हैं।
गहन अर्थ
यह बताता है कि
अणु–स्थिति में
इन्द्रियाँ केवल अनुभव नहीं करतीं,
वे निर्णय भी
करने लगती हैं।।

देखना, सुनना, छूना,
तटस्थ क्रियाएँ नहीं रहतीं।
मूल्यांकन बन जाती हैं।।

आणवोपाय
इन्द्रिय–साक्षरता सिखाता है।
पूछता है कि,
देखो कि
तुम देख रहे हो,
या इन्द्रियाँ देख रही हैं?

सूत्र 12 : धीवशात्सत्त्वसिद्धिः
शाब्दिक अर्थ
बुद्धि के परिष्कार से सत्त्व की सिद्धि होती है।
गहन अर्थ
यह बताता है कि
आणवोपाय में
बुद्धि को हटाया नहीं जाता,
शुद्ध किया जाता है।।

अणु, माया और, क्रिया मल से
मलिन दर्पण में
हमें हमारा
मूल स्वरूप नहीं दिखता।

इंद्रियों का मूल्यांकन,
हमें हमारा
अहंकारयुक्त,
राग द्वेष युक्त,
कर्ताभाव युक्त सीमित स्वरूप ही दिखाती है।

स्पष्ट बुद्धि
शुद्ध दर्पण होता है।
जब दर्पण साफ़ हो,
तो चेतना
स्वयं दिख जाती है।
यहाँ विवेक साधना है।।

सूत्र 13 : सिद्धः स्वतन्त्रभावः
शाब्दिक अर्थ
सिद्ध वही है जो स्वतन्त्र हो।
गहन अर्थ
सिद्धि का अर्थ
असाधारण शक्ति नहीं।
सिद्धि का अर्थ है–
भीतर से स्वतन्त्र होना।
आणवोपाय यहाँ
सिद्धि–लोभ से सावधान करता है।
जो स्वतन्त्र नहीं,
वह सिद्ध नहीं।।

सूत्र 14 : यथा तत्र तथान्यत्र
शाब्दिक अर्थ
जो वहाँ है, वही यहाँ है।
गहन अर्थ
यह सूत्र
स्थान–आश्रित साधना को तोड़ता है।।

चेतना कहीं और नहीं।
यदि ध्यान वहाँ है,
तो वही ध्यान यहाँ भी है।
आणवोपाय
यहीं से
साधना को जीवन में उतार देता है।।

# 27. आणवोपाय सूत्र 15 से 18

सूत्र 15 से 18,
बीज, स्मृति और जन्म की यांत्रिकी है।
यहां शिवसूत्र
सूक्ष्मतम स्तर पर उतरता है।
हर प्रतिक्रिया से पहले
एक बीज है।
हर आदत से पहले
एक अवधान है।
जबतक बीज नहीं देखा जाता,
जन्म चलता रहता है।
हर क्षण नया,
“मैं”।।

आणवोपाय यहाँ
ध्यान, धारणा,
और स्मृति की साधना लाता है।

यह कोई रहस्य नहीं,
मनोविज्ञान है।।

बीज देखा गया,
तो प्रतिक्रिया ढीली पड़ती है।
और जहाँ प्रतिक्रिया ढीली,
वहीं स्वतंत्रता है।

सूत्र 15 : बीजावधानम्
शाब्दिक अर्थ
बीज पर ध्यान देना।
गहन अर्थ
यह सूत्र
मनोवैज्ञानिक केन्द्र है।
हर प्रतिक्रिया का
एक सूक्ष्म बीज है,
कारक है।
स्मृति, डर, अपेक्षा।

आणवोपाय
फल नहीं काटता,
बीज देखता है।।

जब बीज दिख जाता है,
तो कर्म स्वतः हल्का हो जाता है।।

सूत्र 16 : आसनस्थः सुखं हृदे निमज्जति
शाब्दिक अर्थ
स्थिरता से हृदय में सुख उतरता है।
गहन अर्थ
यह बताता है कि
शान्ति बाहर से नहीं आती।।

स्थिरता

स्वतः सुख को प्रकट करती है।।

आणवोपाय में
आसन केवल देह–स्थिति नहीं–
आन्तरिक स्थिरता है।।

सूत्र 17 : स्वमात्रानिर्माणमापादयति
शाब्दिक अर्थ
अणु स्वयं अपना माप गढ़ता है।
गहन अर्थ
यह सूत्र अहंकार की जड़ खोलता है।

मैं जैसा हूँ–
यह कोई तथ्य नहीं,
एक निर्माण है।

आणवोपाय
इस निर्माण को देखने का साहस देता है।।

सूत्र 18 : विद्याविनाशे जन्मविनाशः
शाब्दिक अर्थ
सीमित विद्या के नष्ट होने से पुनर्जन्म का लोप होता है।
गहन अर्थ
यहाँ जन्म
देह का नहीं,
पहचान का है।

जब “मैं ऐसा हूँ”
ढह जाता है,
तो हर क्षण का नया जन्म
रुक जाता है।।

# 28. आणवोपाय सूत्र 19 से 25

सूत्र 19 से 25 में आणवोपाय
भाषा, वर्ण और शक्ति का
जंजाल तोड़ता है।

अब साधक
भाषा के जाल में प्रवेश करता है।
समझता है कि,
वर्ण केवल अक्षर नहीं हैं।
वे चेतना की
सूक्ष्म शक्तियाँ हैं।
मन जिस भाषा में सोचता है,
वही उसकी सीमाएँ बनाती है।।

आणवोपाय
यहाँ जप, कथा,
ध्वनि और नाम की साधना देता है।।

पर लक्ष्य मन्त्र नहीं,
लक्ष्य यह देखना है
कि भाषा
कैसे “मैं” बनाती है।।

जब यह दिखने लगता है,
तो शब्द ढीले पड़ते हैं,

जाल टूटने लगता है।।

सूत्र 19 : कवर्गादिषु माहेश्वर्याद्याः पशुमातरः
शाब्दिक अर्थ
भाषा की शक्तियाँ ही जीव को बाँधती हैं।
गहन अर्थ
यह सूत्र कहता है–
तुम शब्दों में सोचते हो,
इसलिए सीमित हो।
भाषा केवल व्यक्त नहीं करती–
वह पहचान गढ़ती है।
आणवोपाय
भाषा–जागरूकता सिखाता है।।

सूत्र 20 : त्रिषु चतुर्थं तैलवदासेच्यम्
शाब्दिक अर्थ
तुरीय तीनों अवस्थाओं में तेल की तरह व्याप्त है।
गहन अर्थ
यह सूत्र
आणवोपाय को
सम्भोपाय की दहलीज़ पर ले आता है।
तुरीय कोई चौथी अवस्था नहीं,
वह हर अवस्था की
पृष्ठभूमि है।।

जब यह दिखने लगता है,

तो अणु
धीरे–धीरे
शिव–स्मरण में
ढलने लगता है।।

यह आणवोपाय का
हृदय है।
यहाँ साधना अन्तःकरण से निकलकर जीवन में उतरती है।
अब प्रश्न यह नहीं रहता कि मैं ध्यान कैसे करूँ,
प्रश्न यह बन जाता है–
मैं जो जी रहा हूँ,
क्या वही साधना बन सकता है?

सूत्र 21 : मग्नः स्वचित्तेन प्रविशेत्
शाब्दिक अर्थ
अपने ही चित्त में डूबकर उसमें प्रवेश करे।
गहन अर्थ
यह सूत्र बाहर से भीतर जाने की बात नहीं करता।
यह भीतर से भीतर उतरने की बात करता है।
आणवोपाय यहाँ यह स्पष्ट करता है कि
चित्त कोई बाधा नहीं है।

यदि उसे देखा जाए,
तो वही द्वार बन जाता है।।

अपने ही चित्त में डूबना,
विचारों को हटाना नहीं,

बल्कि उनमें
खोए बिना
उनकी जड़ तक उतर जाना है ।।

यह गहराई
कोई समाधि नहीं,
यह आत्मीयता है
अपने ही मन से डर का न रहना।

सूत्र 22 : प्राणसमाचारे समदर्शनम्
शाब्दिक अर्थ
प्राण के प्रवाह में समदृष्टि उत्पन्न होती है।
गहन अर्थ
यह सूत्र प्राणायाम की तकनीक नहीं देता।
यह प्राण के साथ सम्बन्ध बदलता है।
जब साधक
श्वास को सुधारने की कोशिश छोड़ देता है,
और केवल यह देखता है
कि श्वास कैसे चल रही है,
तब प्राण में
समता उतरती है।
यह समता
सुख–दुःख की समता है,
उत्थान–पतन की समता है।
आणवोपाय कहता है–
यदि प्राण में समता आ गई,
तो मन

स्वयं संतुलित हो जाएगा।।

सूत्र 23 : मध्ये वरप्रसवः
शाब्दिक अर्थ
मध्य में श्रेष्ठ का जन्म होता है।
गहन अर्थ
यह "मध्य" कोई स्थान नहीं।
यह वह क्षण है
जहाँ एक विचार समाप्त होता है
और दूसरा अभी शुरू नहीं हुआ।
आणवोपाय
यहीं पर ध्यान को सूक्ष्म बनाता है।
यह कहता है—
तुम अनुभवों के बीच के विराम को देखो।
वही विराम
सर्वोत्तम का गर्भ है।

यह सूत्र
मौन की साधना है—
पर मौन को पकड़ने की नहीं,
मौन को देख लेने की।।

सूत्र 24 : मात्रास्वप्रत्ययसंधाने नष्टस्य पुनरुत्थानम्
शाब्दिक अर्थ
क्षणों और धारणाओं के बीच खोई चेतना पुनः उठती है।
गहन अर्थ
यह सूत्र गहरे मनोवैज्ञानिक सत्य को छूता है।

हम चेतना नहीं खोते,
हम केवल
धारणाओं के जाल में
उसे भूल जाते हैं।।

जब साधक
धारणाओं को देखना सीखता है,
"मैं ऐसा हूँ",
"मुझे यह चाहिए",
तो उनके बीच से
वही चेतना
फिर से उभर आती है।।

मुक्ति
कुछ नया पाने में नहीं,
भूले हुए को पहचान लेने में है।।

सूत्र 25 : शिवतुल्यो जायते
शाब्दिक अर्थ
वह शिव के समान हो जाता है।
गहन अर्थ
यह सूत्र बहुत सावधानी से पढ़ा जाना चाहिए।
यह नहीं कहता–
"वह शिव बन जाता है।"
यह कहता है–
शिव के समान हो जाता है।
अर्थात्–

स्वतन्त्र,
अनासक्त,
प्रकाशमान।
यह कोई अहंकार–वृद्धि नहीं।
यह अहंकार का
स्वाभाविक लोप है।।

# 29. आणवोपाय सूत्र 26 से 30,

आणवोपाय का सूत्र 26 से 30,
सबसे करुण भाग है।।

यह कहता है,
साधक को,
जीवन छोड़ने की ज़रूरत नहीं।।

शरीर की वृत्ति ही व्रत है।
कथा ही जप है।
आत्मज्ञान ही दान है।।

यहाँ साधना
मठ से निकलकर
रसोई, बाज़ार, सम्बन्धों में
उतर आती है।।

आणवोपाय
जीवन को साधना बनाता है
इससे भागकर नहीं, इसमें
उतरकर।।

सूत्र 26 : शरीरवृत्तिर्व्रतम्
शाब्दिक अर्थ।
शरीर की वृत्ति ही व्रत है।

गहन अर्थ
यह सूत्र
संन्यास की परिभाषा बदल देता है।
अब व्रत
कुछ विशेष करने में नहीं,
कुछ भी विशेष न करने में है।
खाना, चलना, काम करना–
यदि यह सब सजग है,
तो वही व्रत है।
आणवोपाय
यहाँ जीवन को
पूरी तरह साधना बना देता है।।

सूत्र 27 : कथा जपः
शाब्दिक अर्थ
कथा ही जप है।
गहन अर्थ
यह सूत्र
मौन और वाणी के बीच का द्वन्द्व मिटाता है।
यदि बोलते समय
सजगता है,
तो वही जप है।
यदि संवाद में
अहंकार नहीं,
तो वही मन्त्र है।
यह सूत्र
आणवोपाय को

समाज में उतार देता है।।

सूत्र 28 : दानमात्मज्ञानम्
शाब्दिक अर्थ
आत्मज्ञान ही दान है।
गहन अर्थ
यह सूत्र
सामाजिक नैतिकता का शिखर है।
जो स्वयं को जान लेता है,
वह दूसरों से
कुछ छीनता नहीं।
आत्मज्ञान
स्वतः करुणा बन जाता है।
यह दान
वस्तुओं का नहीं,
भय के अभाव का है।।

सूत्र 29 : योऽविपस्थो ज्ञाहेतुश्च
शाब्दिक अर्थ,
जो अविचल है, वही ज्ञान का कारण है।
गहन अर्थ
यह सूत्र बताता है कि
ज्ञान विचार से नहीं,
स्थिरता से आता है।
जब साधक
हर अनुभव में
हिलता नहीं,

तो विवेक अपने आप उभरता है।।

सूत्र 30 : स्वशक्तिप्रचयोऽस्य विश्वम्
शाब्दिक अर्थ
सयह सम्पूर्ण जगत अपनी ही शक्ति का विस्तार है।
गहन अर्थ
यह सूत्र
अन्तिम द्वैत को ढीला करता है।
अब जगत
शत्रु नहीं रहता।
वह
चेतना का ही प्रसार दिखने लगता है।
यहाँ आणवोपाय
अनन्योपाय की दहलीज़ छू लेता है।
यहां हम सीखते हैं कि,
चित्त में
उतरना कैसे है,
प्राण में समता कैसे आती है,
जीवन व्रत बनता है कैसे,
और संसार,
कैसे शक्ति का विस्तार दिखने लगता है।।

# 30. आणवोपाय सूत्र 31 से 36

सूत्र 31 से 36,
कर्म के केन्द्र में पहुँचता है।।

ज्ञात होता है कि,
कर्म बन्धन नहीं,
भेद बन्धन है।।

जब “मैं” और “दुनिया”
अलग दिखते हैं,
तब कर्म जाल बनता है।।

जब भेद ढहता है,
तब वही कर्म
लीला बन जाता है।।

यहाँ आणवोपाय
साधक को कर्म छोड़ने को नहीं,
कर्म को हल्का करना
सिखाता है।।

सूत्र 31 : स्थितिलयौ
शाब्दिक अर्थ।
स्थिति और लय दोनों घटते रहते हैं।
गहन अर्थ बताता है कि

चेतना स्थिर भी होती है
और लीन भी,
और दोनों ही स्वाभाविक हैं।।

आणवोपाय यहाँ
किसी एक अवस्था को पकड़ने से
मना करता है।
ठहराव भी बीतता है,
लय भी।
जो स्थिर रहता है,
वह इन दोनों का द्रष्टा है।।

सूत्र 32 : तत्प्रवृत्तावप्यनिरासः संवेत्तृभावात्
शाब्दिक अर्थ
क्रिया में रहते हुए भी साक्षीभाव अक्षुण्ण रहता है।
गहन अर्थ
यह आणवोपाय का निर्णायक सूत्र है।
यह कहता है–
साक्षी बनने के लिए
जीवन छोड़ना आवश्यक नहीं।
जब साक्षीभाव
स्पष्ट हो जाता है,
तो क्रिया उसे ढँक नहीं पाती।
कर्म चलता रहता है,
पर कर्ता ढीला पड़ जाता है।।

सूत्र 33 : सुखदुःखयोर्बहिर्मननम्

शाब्दिक अर्थ
सुख-दुःख में मन बाहर बह जाता है।
गहन अर्थ
सावधान करता है।
अभी भी खतरा है।
सुख आकर्षित करता है,
दुःख विकर्षित।
दोनों में
मन बाहर की ओर जाता है।।

आणवोपाय यहाँ
सुख से
जितना सावधान रहने को कहता है,
उतना ही दुःख से।।

सूत्र 34 : तद्विमुक्तस्तु केवली
शाब्दिक अर्थ
वह उनसे मुक्त होकर केवली हो जाता है।
गहन अर्थ में
"केवली" से
एकाकी नहीं, अखण्ड का बोध है।
जो सुख–दुःख से,
भीतर से,
मुक्त हो गया,
वह बाहरी परिस्थितियों से
परिभाषित नहीं होता।।

सूत्र 35 : मोहप्रतिसंहतस्तु कर्मात्मा

शाब्दिक अर्थ

मोह में घिरा व्यक्ति कर्म को ही आत्मा मान लेता है।

गहन अर्थ अंतिम चेतावनी है।

यदि मोह शेष है,

तो कर्म पुनः

पहचान बन सकता है।

आणवोपाय कहता है,

कर्म करो,

पर कर्म मत बनो।।

सूत्र 36 : भेदतिरस्कारे सर्गान्तरकर्मत्वम्

शाब्दिक अर्थ

भेद मिटने पर कर्म जन्म-मरण से मुक्त हो जाता है।

गहन अर्थ

यह सूत्र कर्म–बंधन का अन्त बताता है।

जब "मैं" और "दुनिया"

अलग नहीं दिखते,

तो कर्म फल

बाँध नहीं पाता।।

कर्म चलता है,

पर श्रृंखला टूट जाती है।।

# 31. आणवोपाय सूत्र  37 से 41

सूत्र 37–41,
कर्ता का सूक्ष्म विसर्जन दिखाता है।
साधना
कर्तृत्व की जड़ तक जाती है।
करण–शक्ति
अपने आप अनुभव से उठती है।।

तीनों अवस्थाओं में
एक ही प्राण बह रहा है।
भीतर–बाहर का भेद
धीरे–धीरे ढीला पड़ता है।।

इच्छा ध्यान को बाहर ले जाती है–
और इच्छा का दिख जाना
ध्यान को वापस लौटा लाता है।।

यहीं
जीव–भाव गलने लगता है।।

सूत्र 37 : करणशक्तिः स्वतोऽनुभवात्
शाब्दिक अर्थ
करने की शक्ति स्वयं अनुभव से उठती है।
गहन अर्थ

अब कर्ता योजना नहीं बनाता।
क्रिया
अनुभव से स्वयं निकलती है।
यह प्रयास–रहित क्रिया है।
स्वाभाविक,
उपयुक्त,
और थकान–रहित।।

सूत्र 38 : त्रिपदाद्यणुप्राणनम्
शाब्दिक अर्थ
तीनों अवस्थाओं में एक ही प्राण जीव को चलाता है।

गहन अर्थ
जाग्रत, स्वप्न, सुषुप्त–
अब अलग नहीं लगते।
एक ही जीवन–धारा
सबमें बहती दिखती है।
यह निरन्तरता
मृत्यु–भय को
शिथिल कर देती है।।

सूत्र 39 : चित्तस्थितिबच्छरीरकरणबाह्येषु
शाब्दिक अर्थ
चित्त की स्थिरता शरीर और बाहर तक फैल जाती है।
गहन अर्थ

अब ध्यान भीतर सीमित नहीं।
वह चलने, बोलने, देखने–
सबमें फैल जाता है।
यही जीवित ध्यान है।।

सूत्र 40 : अभिलाषाद्बहिर्गतिः संवाह्यस्य
शाब्दिक अर्थ
इच्छा चेतना को बाहर खींच ले जाती है।
गहन अर्थ में,
यह सूत्र,
सूक्ष्मतम आसक्ति की ओर संकेत करता है।।

इच्छा यदि अनदेखी रही,
तो चेतना फिर बाहर बह सकती है।
आणवोपाय
यहाँ भी जागरूकता माँगता है,
दमन नहीं।।

सूत्र 41 : तदारूढप्रमितेस्तत्क्षयाज्जीवसंक्षयः
शाब्दिक अर्थ
पहचान के क्षय से जीव–भाव मिटता है।
गहन अर्थ
सीधा कहता है,
जीव कोई वस्तु नहीं,
एक पहचान–प्रक्रिया है।

जब पहचान ढहती है,
तो जीव–भाव
स्वतः लुप्त हो जाता है।।

# 32. आणवोपाय सूत्र 42 से 44

सूत्र 42 से 44,
आवरणों का पतन और सहज प्राण,
का संज्ञान है।
अब साधक
अपने ही खोल उतारता है।।

देह की पहचान
ढीली पड़ती है।
प्राण अपने आप बहने लगता है।
नाड़ी–भेद
महत्व खो देते हैं।
ध्यान मध्य में ठहरता है–
बिना ज़ोर लगाए।
यह कोई सिद्धि नहीं,
यह थकान का अन्त है।।

सूत्र 42 : भूतकञ्चुकी तदा विमुक्तो भूयः पतिसमः परः
शाब्दिक अर्थ
तत्व–आवरण हटते ही वह शिव–समान हो जाता है।
गहन अर्थ में
यह अन्तिम मुक्ति का संकेत है।
अब अणु
अलग सत्ता नहीं रहता।

पर “शिव बनना” नहीं–
शिव–समान होना है।
स्वतन्त्र और प्रकाशमान।।

सूत्र 43 : नैसर्गिकः प्राणसंबन्धः
शाब्दिक अर्थ
प्राण का सम्बन्ध स्वाभाविक हो जाता है।
गहन अर्थ
अब श्वास को सँभालना नहीं पड़ता।
प्राण स्वयं
संतुलित रहता है।
यह प्रयास का अन्त है।।

सूत्र 44 : नासिकान्तर्मध्यसंयमात् किमत्र सव्यापसव्यसौषुम्नेषु
शाब्दिक अर्थ
मध्य में ध्यान होने पर नाड़ियों का भेद अप्रासंगिक हो जाता है।
गहन अर्थ हमें तकनीक से आगे
ले जाता है।।
जब मध्य स्पष्ट हो जाता है,
तो पद्धतियाँ अपने आप गिर जाती हैं।।

# 33. आणवोपाय सूत्र 45

अन्तिम सूत्र 45 वाँ है।
जहां,
कुछ नहीं किया जाता।।

चेतना
स्वयं में
विश्राम कर लेती है।।

यह समाधि नहीं,
यह नींद भी नहीं।
यह वह स्थिति है
जहाँ साधक
खुद को ढोना छोड़ देता है।
भूयः स्यात् प्रतिमीलनम्।।

सूत्र 45 : भूयः स्यात् प्रतिमीलनम् का
शाब्दिक अर्थ है,
चेतना का पुनः अपने में विश्राम कर लेना।
गहन अर्थ
यह कोई उपलब्धि नहीं।
यह थकान का अन्त है।
न साधक,
न साधना,
न मार्ग।

केवल
स्वाभाविक विश्राम।।

आणवोपाय
देह से आरम्भ होकर
देह को पार नहीं करता–
वह देह को पारदर्शी कर देता है।
यह सबसे लम्बा मार्ग है
क्योंकि यह
सबसे मानवीय मार्ग है।
और जब यह पूर्ण होता है,
तो यह स्पष्ट होता है–
अणु कभी शिव बनने नहीं गया था।
शिव ही अणु बनकर
स्वयं को
धीरे–धीरे
याद कर रहा था।।

# 34. शिवसूत्र - समेकित उपसंहार।

सम्भोपाय , शक्तोपाय ,आणवोपाय,
तीनों चेतना की ही यात्रा है।
सिर्फ लय अलग है।

शिवसूत्र का उपसंहार,
न किसी सिद्धि पर, ना हीं
किसी विशेष अनुभव पर होता है।
और न ही किसी
ऊँचे लोक में प्रवेश पर।।

शिव सूत्र की संपूर्णता,
थकान के समाप्ति पर होता है।।

यह,
साधक को यह नहीं सिखाता
कि वह कुछ बन जाए।
यह उसे
धीरे-धीरे
दिखाता है
कि वह कभी कुछ और था ही नहीं।।

आणवोपाय
मनुष्य को वहीं से पकड़ता है

जहाँ वह अभी है।
देह में,
श्वास में,
कर्म में,
स्मृति में,
और पहचान में।।

यह कहता है,
पहले यह देखो कि
तुम स्वयं को क्या मान रहे हो।

"मैं चित्त हूँ" – पहली भूल है।
"मैं जानता हूँ" – दूसरा बन्धन है।
"मैं करता हूँ" – तीसरी गाँठ है।।

आणवोपाय
इन गाँठों को नहीं काटता।
धीरे धीरे उन्हें
ढीला करता है।।

वह दिखाता है कि,
इन्द्रियाँ कैसे देखती हैं,
बुद्धि कैसे सत्ता बन जाती है,
भाषा कैसे पहचान गढ़ती है,
और कर्म कैसे
"मैं" का विस्तार बन जाता है।।

आणवोपाय,
धीरे-धीरे साधना को
जीवन में उतार देता है।
शरीर की वृत्ति
व्रत बन जाती है,
कथा जप बन जाती है, और
आत्मज्ञान
दान बन जाता है।।

यहाँ साधक,
संन्यास में नहीं,
सम्बन्ध में रहकर स्वतंत्रता सीखता है।।

जब पहचानें ,
ढीली पड़ने लगती हैं,
सुख-दुःख बाहर नहीं खींच पाते,
कर्म चलता है पर कर्ता गलने लगता है,
तब आणवोपाय,
स्वतः ही अपने संपूर्णता की ओर बढ़ता है।।

शक्तोपाय तब प्रकट होता है
जब चेतना,
अपनी गति पहचानती है,
कर्म हल्का हो जाता है,
तब
चेतना स्वयं को
स्पन्दन के रूप में

देखने लगती है।।

शक्तोपाय कहता है,
शक्ति बाधा नहीं,
विचार शत्रु नहीं,
भावना बन्धन नहीं है।।

यदि तुम जागे हो,
तो वही शक्ति
शिवत्व का द्वार बन जाती है।
चित्त मन्त्र ,
प्रयत्न सजगता बन जाता है, और विद्या शरीर में उतर आती है।

यहाँ चेतना
अपने ही प्रवाह को
पहचानने लगती है,
स्वप्नों में,
संकेतों में,
शब्दों में,
और मौन में।।

गुरु यहाँ
कोई पद नहीं,
संक्रमण की घटना है।

एक क्षण,
एक दृष्टि,

एक मौन।
शक्तोपाय चेतना को,
अपनी ही शक्ति से डर छोड़ना सिखाता है ।।

जब शक्ति
संघर्ष नहीं,
सहजता बन जाती है,
तो वह अपने आप शांत होने लगती है,
पूर्ण चेतना में विलीन होती है।।

सम्भोपाय में,
देखने वाला स्वयं गुम हो जाता है।।

जब शक्ति,
बोझ नहीं रहती,
चित्त में कुछ पकड़ने की ज़रूरत नहीं रहती,
तब सम्भोपाय
प्रकट नहीं , स्पष्ट हो जाता है।।

यह कोई मार्ग नहीं,
अचानक खुला हुआ केन्द्र है।।

यहाँ न साधना है,
न अभ्यास,
न यात्रा।
सहज ज्ञात होता है कि,
देखने वाला ही दृश्य था।

खोजने वाला ही लक्ष्य था।।

सम्भोपाय
किसी ऊँचाई पर नहीं ले जाता,
वह केवल
दृष्टि को सीधा कर देता है।
और जब
दृष्टि सीधी हो जाती है,
तो स्पष्ट होता है कि,
सम्भोपाय, शक्तोपाय और आणवोपाय
तीन सीढ़ियाँ नहीं थे।
तीन तरीका था,
चेतना का खुद को अनुभव करने का।।

उपायों का संपुष्टि,
शिवसूत्र का निष्कर्ष,
न किसी उत्सव में है, न हीं किसी
घोषणा में है।

सब कुछ समेट देता है,
एक सरल वाक्य में,
भूयः स्यात् प्रतिमीलनम्।
पुनः
अपने में
विश्राम।।

यहाँ कोई “मैं मुक्त हूँ” नहीं बचता,

क्योंकि “मैं” तो,
एक थकान था।।

आणवोपाय ने मनुष्य को पूरा
स्वीकार किया।
शक्तोपाय ने चेतना को उसकी गति में पहचाना और,
सम्भोपाय ने दिखा दिया कि खोज कभी बाहर था ही नहीं।।

जब यह सब स्पष्ट हो गया,
तो जो शेष रहा
वह कोई अवस्था नहीं,
सिद्धि नहीं,
बल्कि वही स्वाभाविक "होना है",
जिसे शिवसूत्र
शिव कहता है।।

------xxxxx------

www.ingramcontent.com/pod-product-compliance
Lightning Source LLC
Chambersburg PA
CBHW050526240926
51846CB00003B/714